保護者クレーム
劇的
解決
「話術」

公立小学校教諭
齋藤 浩

中央法規

目　次

はじめに　今は昔、安易な融和路線 ──────── 4
　　これ以上、どう謝るんだ？／相手は忖度なし／「袖振り合う」は昔の話／
　　融和でなく崩壊の兆し／新しい対応のステージに突入した

第 1 章　敵を知り、己を知れば百戦危うからず

❶ まずは相手を知る ──────────── 16

❷ まずは理不尽な保護者のタイプを分析する ─────── 20

❸ 教員の心を蝕んでいくクレーマー ──────── 25

❹ なんでも悪く受け取るシゾイド型クレーマー ───── 30

❺ 教員をギャフンと言わせたいナルシスティック型クレーマー ── 35

第 2 章　シゾイド型クレーマーに対する話術

❶ シゾイド型クレーマーを相手に知っておくべきこと ──── 40
　　通じない誠意／まるで無限ループ／見つけにくい落としどころ／通じない論理

❷ 同じ話題（クレーム）に終始する場合の話術 ──────── 44
　　話術❶ 論点を焦点化する ──────────── 44
　　話術❷ 無理なことは無理だと伝える ───────── 49
　　話術❸ 解決していない部分の具体的対応を提示する ──── 53

❸ 不信感で凝り固まっている場合の話術 ──────── 59
　　話術❹ 代替案を求める ──────────── 59
　　話術❺ 適切な教職員を同席させる ───────── 64
　　話術❻ 保護者の不信感情を子ども中心の議論に切り替える ── 68

❹ 現実とかけ離れた論点に固執する場合の話術 ────── 73
　　話術❼ 具体的資料を提示する ──────────── 73
　　話術❽ 専門家を同席させる ──────────── 77
　　話術❾ ポジティブな側面を見つけ視点を移行する ───── 82

⑤ 解決策を提示しても受け入れない場合の話術 ——————— 87

（話術⑩）子どものリスクをほのめかす ——————————— 87

（話術⑪）試行期間を提示する ——————————————— 91

（話術⑫）子どもとの合意を提案する ——————————— 96

第3章　ナルシスティック型クレーマーに対する話術

① ナルシスティック型クレーマーの特徴 ——————————— 102
クレーム自体が目的／ストレスのはけ口／尊大な態度／仲間への手土産

② 教員をギャフンと言わせたい相手への話術 ——————— 106

（話術⑬）堂々と爽やかに謝罪する ——————————————— 106

（話術⑭）謝罪と反論のバランスをとる ——————————— 110

（話術⑮）主語を「子ども」にして伝える ——————————— 115

③ 用意周到な相手への話術 ——————————————————— 120

（話術⑯）面談までの時間を確保する ——————————— 120

（話術⑰）論理性を重視する ——————————————————— 125

（話術⑱）聞くだけ聞いて矛盾点を探る ——————————— 130

④ 絶対的な答えが存在しない問いへの話術 ——————— 135

（話術⑲）主訴の内容を整理して可能なものを選択する —————— 135

（話術⑳）ときに弁証法的な帰結にする ——————————— 140

（話術㉑）今回限定だというニュアンスで他の解決案を出す —— 144

⑤ 揚げ足を取る相手への話術 ———————————————— 150

（話術㉒）話し合いの本筋に立ち返る ——————————— 150

（話術㉓）問題の軽重を整理する ——————————————— 154

（話術㉔）子どもの声を織り交ぜる ——————————————— 159

おわりに　敵を知り、己を知れば百戦危うからず ——————— 165

著者紹介

はじめに

今は昔、安易な融和路線

これ以上、どう謝るんだ？

　多くの学校で保護者の対応に苦慮することがあるはずです。対応のなか
で、少しでも雲行きが怪しくなると、校長は「保護者との無用な争いは避
けてください」と融和路線を推奨することが多いものです。学校や教員に
さほど落ち度がなくても、現場では「申し訳ございません」という謝罪を
解決方法の一つとしてとってきました。以前であれば、拳を振り上げた保
護者も、「先生がそこまで謝るのだから……」と、謝罪が一定の効果をあ
げてきたのは事実です。

　ですが、最近になり、謝罪しても解決しないことが増えてきました。
「先生が謝ったからといって、解決するわけではありません」
「謝罪して、事実をうやむやにしようとしているのですか？」
というように、反対に謝罪が炎上のきっかけになることもあるほどです。
謝罪が解決方法の一つにならなくなってきたのです。

　だからといって謝罪しないと、「先生は悪いことをしても、謝ることが
できないんですか？」と言われ、学校や教員側に真摯な態度がみられない
と、なんらかの意思表示をするように迫ってきます。謝罪がゴールになっ
ていた時代から、謝罪をしてようやくスタートとなる時代へと大きく転換
したのです。

　確かに、学校側に非がある場合は、真剣に謝罪しなければなりません。
ですが、学校側に全面的に非があるようなケースは今日では稀です。「先
生がうまく間に入らなかったから、うちの子は友達関係がより難しくなっ
てしまいました」と、ある子どもの保護者は言うものの、非は訴えてきた

保護者の子どもにありました。教員はなんとか間に入るように努めたもの
の、その子どものわがままな態度が引き金になり、その子どもの納得いく
結論には至らなかったことがありました。決して、教員に落ち度があった
わけではないのです。誰が間に入ってもうまくいくことはなかったでしょ
う。それでも、「申し訳ございませんでした」と心から謝罪しても、良し
とはならないのです。「先生の関わり方に問題があった」の一点張り。も
う一度間に入っても事態が好転するはずもなく、やむなくの謝罪となって
いるのに、「先生は謝罪しかできないんですか？」となるのです。保護者
も我が子可愛さに言いたいことがあるのでしょうが、こちらにも言いたい
ことが山ほどあります。

「これ以上、どう謝ればいいんですか？」

　以前のように周りの子と仲良くできた環境に戻してほしいという願いを
叶える方法はなく、もはや教員の介入も限界とばかりに、教員に落ち度は
なくても真摯に謝罪しているのです。

　謝罪に謝罪を重ね、再度の努力を約束し、とりあえず保護者にはお帰り
いただきます。面談を終えた教員には、途方もない疲れが残るだけ。職員
室に戻ってから面談内容の報告をしたり、できなかった翌日の教材研究を
したりと、疲れた体に鞭打つ時間が待っています。それでも、多くの学校
では、「まあまあ、保護者とは良好な関係づくりを重視して……」と、融
和路線の重視を継続しているのが現実です。しかし、もはやそれも限界と
いっても良いのではないでしょうか。

「これ以上、どう謝ればいいんですか？」

「これ以上、どう関わればいいんですか？」

　教育現場からは、こんな声が多く届きます。人格否定さながらの言葉を
浴びながら、それでも融和路線を強いられることに対する心の叫びです。
教育現場は、謝罪以外の解決方法をきちんと身につける必要がある、新し
い時代に突入しているのではないでしょうか。

相手は忖度なし

　保護者には様々な人がいます。「先生。なにかお手伝いできることがあれば、いつでも言ってください」と学校教育に協力的な保護者がいれば、仕事が忙しくて授業参観や保護者会に顔を見せられない保護者もいます。もちろん、前者のほうが印象は良くなりますが、後者のタイプだからといって学校や教員のストレスになることはありません。「我が子の様子を見に来られないほど、仕事が大変なのだろう」と、むしろ応援する気持ちすら芽生えるものです。

　しかし、なにかにつけてクレームばかりの保護者には閉口します。辟易することが多いといっても良いでしょう。クレームを重ねる保護者には、相手を慮る気持ちが欠如しているからです。「こう言ったら、先生も困るだろうか……？」などという気持ちは毛頭ないのでしょう。「私が困っているんだから、先生は私の要求を聞き入れて当然でしょ」そんな感覚に近いと思われます。

　以前、職員室で同僚とこんな会話になったことがありました。
「やたら言いたいことを言ってくる保護者がいるけど、教員だって人間なんだから、傷つくのでは……と思わないのかな？」
「思わないから言えるんじゃないですか」
「どうして思わないんだろう？」
「教員は傷つくことすら許さないと思ってるんじゃないですか。だって、子どものために誠心誠意動くのが教員だという意識があるようですから。傷つく暇があったら、もっと子どものために奉仕しろっていう気持ちなのではありませんか」
「それじゃあ、普通の人間には務まらなくなる」
「だから、年々教員の志願者が減っているんですよ」
「……」
　最後は黙るしかありませんでした。今後、教員に吹いている逆風が弱

まったり、やんだりすることはないでしょう。さらに強い逆風になる可能性のほうが高いと、私を含めた現場の教員は感じています。

そこまで考えたとき、ふと絶望的な結論が脳裏をよぎったのです。今まで言葉にして同僚に発したことはありませんでしたが、「平気でクレームをつけてくるような保護者とは、永遠にわかり合えないのではないか？」という哀しき結論です。我々教員は「話せば、いつかわかり合える」と今日まで性善説に基づいて生きてきました。子どもたちに求めることを保護者にも期待してきたのです。特に理論で武装することをしなくても、誠心誠意伝えればわかってもらえると信じてやってきたのです。もちろん、今でもそうしたコミュニケーションは存在します。ただ、一部の理不尽なクレームを寄せる保護者には通じなくなっているのです。

「先生が私のために動くのは当然でしょ」本気でそう思っている保護者がいるとしたら、もはや通常の人間関係に基づいたコミュニケーションは無力なものとなります。忖度しない相手とは、同じ土俵で話し合うのは難しいことなのです。私たちが白旗を掲げたとして、それでもこう言ってくるでしょう。「では、私たちの土俵で話し合いませんか？」正義を重んじるべき教員としては、是とできない要求です。身勝手な要求に対して、「それもありかもしれませんね」と、いくら不本意であっても、同調する姿勢

を見せなければならない事態が想像されるからです。その場をやり過ごすことができたとしても、満額回答を得た保護者が周りに言いふらした結果、「先生はあの人の言い分を鵜呑みにして、うちの子を悪者に仕立てたのですね」と別のクレームがやってきます。クレームの悪循環といえます。忖度しない相手に忖度などしたら、大変なことになるのです。

「袖振り合う」は昔の話

「袖振り合うも多生の縁」ということわざがあります。道で人と袖が触れ合うようなちょっとしたことでも、前世からの縁によるものだという意味です。日本人らしい奥深い表現だと思いますが、哀しいことに現代社会ではもはや死語に近いものとなっているのではないでしょうか。

　教員と保護者の関係は、「袖振り合う」以上のものです。間に大切な子どもがいる分、両者の利害は一致しているはずです。子どもの幸せという共通目的のもと、手と手を携えて歩んでいく、いわば同志のような関係性であるべきです。それが、一部の保護者の間では、「我が子の邪魔をする相手は、たとえ先生でも容赦しない」という認識になっているようなのです。いや、むしろ、「我が子の近くにいる先生だからこそ、余計に許せない」こともあるのでしょう。それは同志ではなく、もはや敵・味方ともいうべきものです。なぜこのような歪な関係になってしまったのでしょうか。

　以前、佛教大学にて教育哲学者の和田修二先生の授業を受けた際、先生は、「多様化はニヒリズムを生む」と述べられました。各自がそれぞれ個別の価値観を持っていることを是としてしまうと、絶対的な価値観が崩壊してしまうという考え方です。「教育はパブリックな場である」一般的にこれが絶対的な価値観であるべきところへ、「私は教育現場にプライベートな価値観を持ち込みたい。つまり、私が是とすることが正解なのだ」という勝手な解釈を持ち出す人間が増えてしまうと、極端にいって"言った

者勝ち"の社会になってしまうのです。多様性は倫理のなかに存在すべき
ところ、自分勝手な解釈も多様性だとする曲解が増え、価値観が異なる人
同士で対峙する結果となってしまうのです。そこには、もはや議論の余地
などありません。

　自分勝手な価値観で、「旅行先にいて授業を受けられないので、オンラ
インで対応してくださいね」教員の都合など考えずにこう要望したとして
も、求めている側はそれが自分勝手などとは思っていないのです。私が
要求しているのだから、それを叶えてほしい、という至って純粋な気持ち
です。オンラインを併用するとなると別の準備が必要になりますが、教員
は袖振り合う相手ではなく、自分の欲求を叶えるべき相手なので、簡単に
頼むことができるという構図になっています。

　こうなってくると、打ち解けるという意味での融和は存在しません。
「先生がそこまで言うのだから……」と譲歩するつもりなどなく、「先生も
大変でしょう」と慮る気持ちも皆無です。事態はそこまで悪化しているの
に、教育現場では、教員の潜在意識として、まだ話せばわかってもらえる
と思っています。それが教員を苦しめ、「うまくいかないのは、自分の力
量が足りないからではないか……」という自虐的な気持ちにさせているの
です。ですから、謙遜する意味も込めた、「私の力不足で……」などとい
う台詞も言うべきではありません。相手が、「先生も自ら力不足だって
言ったじゃありませんか。責任を認めた以上、なんとかしてください」と
畳みかけるような態度に出てくるからです。

　教員は聖職だと言われて久しいですが、いまだにこんな過去の価値観に
とらわれています。その傾向は一部の保護者にも教員自身にもあります。
「話せばわかってもらえる」そんな幻想は捨て、「もはや、戦略的なコミュ
ニケーションをとらないと対応できない時代に突入しているのではない
か」という意識を持つべきでしょう。

融和でなく崩壊の兆し

　本来であれば、教員と保護者が手と手を携え、子どものために同じベクトルを向いて歩んでいくことが望ましいものです。しかし、一部の保護者に対しては、この融和路線が全く通じなくなってきています。教員側の責任もあるとは思いますが、保護者の姿勢に起因している部分が多いと感じます。しかし、教員側から、「親としてのその姿勢が、子どもをダメにしているのです」などという事実を伝えるようなことは、まずありません。他方、保護者は安易に教員に対して攻撃を加えてきます。

「教員としての資質が十分でないから、クラスがまとまらないのではないですか」

「新任の先生では話にならないので、今すぐベテランの先生に代えてください」

　このように、暴言にも似た言葉を平気で浴びせてきます。こちらとしては良好な関係を構築したくても、保護者としては関係づくりなど望んでいないというわけなのでしょう。

　それでも、校長は、「先生方。より一層、保護者との関係強化をお願いします」と職員会議で伝えてきます。そう言われれば言われるほど、教員としては苦しくなっていくのです。関係強化のためには、ひたすら低姿勢を貫かなければなりません。しかし、低姿勢を続ければ続けるほど、相手は高飛車に出てくるのです。もはや、「先生が頭を下げてくれているのだから、こちらとしてもこれ以上なにも言うことはできません」と、昔のようにどこかで限度を設定してくれることは期待できないのです。

　それは、今まで関係が良好であると感じていた保護者との間でも起こります。「先生のクラスで本当に良かったです」と顔を合わせるたびに担任を褒めてくれていた保護者が、たった一度の不手際で態度を豹変させるのです。99回ナイスプレーを続けてきたとしても、100回目の対応が少しでも意にそぐわないものになっていると、「先生のことを信じていたのに、

まさかこんな対応をされるとは思いませんでした」と、今までの積み重ねなどなかったかのように責めてくるのです。これでは、なにをもって関係づくりとすれば良いのか、わからなくなってしまいます。もはや、融和の時代は終わり、崩壊が始まったといっても過言ではないでしょう。

　崩壊してしまった以上、今までできていたことができなくなります。口頭で約束していたことが「文面で確認しましょう」ということになり、担任と1対1で面談していたのが「念のために複数の教員で話を聞きます」というように体制を強化するようになっています。「言った、言わない」ということがないように、念入りな体制を構築せざるを得ないのです。対して、保護者のなかには、「言ったことに責任を持ってもらうため、録音させていただきます」と唐突に言い出す人たちも出てきました。暗黙の了解となっていた、大人同士が話せば折り合いがつくという前提はなくなってしまったのです。

　教員としては、本当にそれで良しとは思っていません。子どもたちに、「互いのコミュニケーションによって解決しなさい」事あるごとにそう言っているからです。しかし、背に腹は代えられません。ただの会話でも会議のように正確に記録をとり、自らの発言も慎重にするようになっています。これは、近い将来、子どもとの関係にも発展していくでしょう。教員と子どもとが和気あいあいと過ごしていた時代から、互いに自分の人権だけを守り合う時代になっていくのです。保護者と教員の関係が崩壊するということは、ここまでの結末を意味しているのです。それは教員が求めた結果ではありません。あくまでも、一部の保護者の姿勢が生み出した産物なのです。

新しい対応のステージに突入した

　融和の時代の終焉がなにを意味するかというと、戦略の時代に入ったということだと思います。真心を込めて伝えても、なにも伝わらなかった

り、曲解されたりして傷つくのであれば、戦略的に伝えるしかありません。とても哀しいことではありますが、そこまで考えないと教員としての自分の身を守れないのです。話せばわかるという前提のうえに成り立つ"出たとこ勝負"から、相手の性質やウイークポイントなどを理解したうえで対峙する"真剣勝負"のステージへと大きく様変わりしたといっても良いでしょう。

　その真剣勝負についてですが、決して自虐的であってはなりません。教員側がただただ苦しくなっていくことが必至だからです。例えば、東京都教育相談センターは『学校問題解決のための手引～保護者との対話を生かすために～』という手引を出しています。そのなかで、話の聞き方について、「傾聴・受容・共感が全ての基本」としたうえで、相手の立場に立って耳を傾けることを求めています。我々教員は、もうこれ以上できないというところまで耳を傾けるようにしています。一方的な物言いに、共感が困難な場合も多々あります。それでも、まだ、傾聴・受容・共感するように求めているのです。これでは、教員の精神が崩壊してしまいます。また、謝罪については次のようにしています。

　「相手が感情を害していることは、たとえ相手側に誤解があったとしても、こちら側のこれまでの対応から不快な気持ちにさせてしまった可能性があります。心理的事実に由来する相手の感情（心配を掛けてしまっていること、不愉快にさせたこと）については「そのような気持ちにさせてしまい申し訳ない。」と伝えることが、多くの場合、相手と協力関係を築くことにつながります」

　保護者との協力関係構築という名目のもと、教員の気持ちなど配慮しないという見解になっているのです。勝手に誤解しているのは相手の保護者なのに、なぜここまで自虐的な姿勢を要求するのでしょうか。このような職場環境では、新しく教員になろうという若者が激減しているのも必然といえるでしょう。

　今まで、教員の世界では、あまり保護者対応について論理的に考えるこ

とはしてきませんでした。大学の教職課程でも、保護者対応について語られることは稀です。そもそも、学問として構築されていないのです。私が教鞭を執る授業で、学生に教員になることへの懸念を聞くと、生徒指導とともに保護者対応があげられました。

「モンスターペアレントの事例を聞くと、自分には無理ではないかと不安になってしまう」

「なかにはすごい保護者がいると聞くので、尻込みしてしまう」

　残念なことに、教職課程でありながら、半数以上の学生が教員になることを躊躇しているのです。極めつけは、

「教育実習に行って担当の先生が保護者対応に頭を抱えているのを見て、絶対に教員になるのだけはやめようと思った」

「あんな保護者の様子を見ていたら、自分には絶対に務まらないと思った」

という声。彼らのためにも、「保護者対応にもセオリーが存在する」というところを見せなければなりません。なかには、そんなものは存在しないという教員もいるでしょうが、対応の仕方は学問的に存在するのです。

　本書では、従来のやみくもな対応を改め、「相手はこういうタイプなのだから、こんな対応をしましょう」というように、具体的に提示をしていきます。即刻解決というわけにはいかないでしょうが、少なくとも従来の“出たとこ勝負”よりはずっと効果が出ます。ぜひ、対峙している保護者を想起し、どのパターンに当てはまるのか考えてみてください。そして、戦略的な対応をしてみてください。今までもやもやしていた気持ちが少し楽になり、今までよりも保護者対応の負担が軽減されるはずです。

第 **1** 章

敵を知り、
己を知れば
百戦危うからず

1 まずは相手を知る

　私が考える新時代の保護者対応の第一歩は、以下の5つです。

① 言い分を通して資質（人間性、タイプ）を見極める
② なにに不満なのか、その本質を見極める
③ 最低限なにをもって満足してもらうのか、その落としどころを見極める
④ 考えを子どもと共有しているのか、子どもは共感しているのかを聞き分ける
⑤ クレームなのか、正当な要求なのかを聞き分ける

　なぜなら、相手のことがわかれば、次にどうするべきかという対策が立てられるからです。対策が立てられれば、安心して対応することができます。最も避けるべきは、なんの準備も知識もなく、性善説に基づいて保護者と対峙することです。出たとこ勝負の対応では、教員が疲弊するような事態がますます増えていくことでしょう。

　本来、傾聴というのは、相手の悩みを解決するために行うべきものです。ただ、私は、傾聴は教員が自分の身を守るという視点からも不可欠なものだと感じています。ただただ、話を聞いてくれるというようなお人好しの存在では、無事に教員生活を全うすることは難しいでしょう。途中まで、「先生のおかげで解決しました」と言っていた保護者が、あとになって、「先生のあのときの対応が不十分だったから、今頃になって友達関係に亀裂が入りました」となることも考えられるからです。そのためにも、次の5つを正確に理解することが求められるでしょう。

① 言い分を通して資質（人間性、タイプ）を見極める

　確かに傾聴は大切なことですが、傾聴だけに終始するのでは不十分です。事実確認をしたあと、目の前の保護者と具体的なやり取りになっていくからです。相手の言い分に耳を傾けるだけでなく、相手がどういう人間なのか見極めなければなりません。例えば、

- 事実確認だけをして対応策を提示すれば気が済むタイプなのか
- 元々学校や教員に対しての不信感があり、対応策の提示だけでは不十分なのか
- 物事を悪くとらえるあまり、疑心暗鬼になっている部分はないか
- 教員に文句を言っていること自体に快感を覚えるタイプなのか
- 過保護が高じて必要以上に過敏になっていないか

といったことを把握するのです。なぜなら、相手の人間性やタイプによって反応は大きく異なり、その後の対応の仕方に影響が出てくるからです。教員や学校側の伝えたいように進めた場合、「先生はなにも理解していないのですね」というように、良かれと思って進めた結果、新たな火種を生むことにもなりかねません。相手が気に入るように進めるというより、解決を第一に考えた進め方をしたほうが、双方満足できるというものです。そのためには、相手の言い分だけに意識を向けるのではなく、相手の特性を分析することが大切になってくるのです。

② なにに不満なのか、その本質を見極める

　保護者の訴えに耳を傾けていると、実は意外なことに不満を抱えている場合もあります。「うちの子がみんなから仲間はずれにされています」という深刻な訴えがあり、事実確認を約束して翌日に調査してみると、そのような事実はなかった、ということがありました。仲間はずれになっているとされる子どもに聞いても、「別に仲間はずれにされていません」と予想もしていなかった答えが返ってきたのです。調査した事実を保護者に伝

えるものの、「そんなことはあり得ません。うちの子が嘘をついているのでしょう」の一点張り。ただ、後日他の保護者からの情報でわかったことは、保護者同士のトラブルから、相談に訪れた保護者本人が浮いてしまっていたという事実でした。不満の正体は、自分自身が周りからないがしろにされているということだったのです。

　そこまで学校や教員の仕事なのかと問われると、甚だ疑問です。ただ、文部科学省の「生徒指導提要」に書かれているように、「学校教育を円滑に進めるために、学校は家庭とのパートナーシップを築くことが不可欠」であることは事実です。訴えの本質を勝手に想像し、「相談は学校教育に関係のあるものに限定してください」とは言いにくいもの。だとしたら、訴えに至る要因はどこにあるのか、会話のなかで正確に把握することが大切です。

③ 最低限なにをもって満足してもらうのか、その落としどころを見極める

　なにかを訴えに来る保護者は、解決というゴールを目指して学校にやってきます。ただ、教員が100%の解決法を提示するのは至難の業。多くが人間関係に起因するトラブルである以上、70%程度で満足してもらう場面も出てくるでしょう。もっとも、落としどころといっても、人によって様々な着地点があります。なぜなら、

- 純粋に我が子が楽しく学校に通えるようになることを第一に考えている
- 振り上げた拳の下ろしどころがわからず、やきもきしている
- 我が子が注意されたことを根に持ち、プライドが傷つけられている
- 日常生活でイライラした気持ちを学校にぶつけている

など、一人ひとりこだわりが異なるからです。訴え出ている保護者は、満足が得られれば帰り、不満が残れば遺恨となる可能性があります。そのなかで、完全でないとしても、なんとか70%の満足を得てもらうためには、相手のニーズを把握することが不可欠です。

④ **考えを子どもと共有しているのか、子どもは共感しているのかを聞き分ける**

　子どもと保護者の考えが、すべてにおいて一致しているとは限りません。共有まではしているとして、親の姿勢に子どもが共感していないことも多々あります。子どもは、大好きな教員にそこまで言ってほしくないのに、「あなたのために言ってやった」と言う保護者もいるのです。親子で意見が分かれている場合、親の主張には大きなウイークポイントが存在することになります。子どもの健全な成長のために存在する学校生活を、まさにその保護者が妨害することになるからです。

　教員には、ただ漠然と保護者の言い分に耳を傾けるだけでなく、「これって、子どもの希望とは大きくかけ離れているのではないか……？」と、それぞれの主張の中身から聞き分けていくことが求められます。子どもの希望と逆行した言い分に終始する場合、アドバンテージは保護者から学校側に大きく傾きます。こうなれば、余裕を持って対応できるでしょう。

⑤ **クレームなのか、正当な要求なのかを聞き分ける**

　コロナ禍の騒ぎが収まっているのに、授業参観をしていない学校があるとしたら、"開かれた学校"の役割を果たしていないことになります。「授業参観を学期に一度はしてほしい」という声をクレームとして聞くのか、正当な要求として受け止めるのか、学校や教員の真価が問われるところです。面倒だからという理由で却下してしまうとしたら、学校に落ち度があるとしかいいようがないでしょう。保護者の話を聞く際、教員は私利私欲に走ることなく、自分の都合を最優先に考えることがないようにしたいものです。そうすれば、相手の本心が見えてきます。はじめから保護者の訴えを色眼鏡で見るのではなく、フラットな姿勢で対峙することで、学校の応援団は増えていくでしょう。相手を知るためには、先入観を持つことほど危険なものはありません。

2 まずは理不尽な保護者のタイプを分析する

　教員の心を蝕む保護者の理不尽な態度や姿勢を一緒くたにするのではなく、整理して見ていく必要があります。相手の無理難題に近い訴えや理不尽な言動を冷静に見ていくと、すべてがクレームではないということがわかります。

　私は、教員が保護者から受けた言動で傷ついた内容を「対処に困るク

表1 保護者からのクレームのパターン

3つの大別	8つの細分化	定義
対処に困るクレーム	シゾイド型クレーマー	体験した出来事を常に悪意あるものとして感じる傾向
	ナルシスティック型クレーマー	他者を打ちのめすことで他者より優れている自己を証明
対処に困る要求	教育とは無関係な内容	学校教育や養育とは無関係なことを要求
	教育に関係する内容	学校教育に関係していても自分勝手なことを要求
クレームや要求を伴わないが対処に困る言動	子育ての放棄・怠慢	自分の子どもを養育する義務の放棄及び怠慢
	子育ての誤解・曲解	過保護・過干渉をはじめ偏った教育観による養育
	教員への攻撃言動	教師の人格を意図的に傷つけるような言動
	教員への非常識言動	大人として、人間としてのマナーに欠けた言動

出典：齋藤浩「「モンスターペアレント」の対応策に関するパラダイム転換」『佛教大学教育学部学会紀要』第9号、2010年

レーム」「対処に困る要求」「クレームや要求を伴わないが対処に困る言動」の3つに大別し、さらに8つに細分化することで、効果的な対応につなげられるように考えました（表1）。

　では、8つのパターンについて、具体例を用いながら詳しく説明していきましょう。

対処に困るクレーム

① シゾイド型クレーマー

　シゾイド（schizoid）とは、一つのことに固着するかと思うと、急にそれから飛躍するような、分裂気質を指す言葉です。これがクレーマーとなると、なんでもネガティブにとらえてしまう傾向があるので、例えば、実際にはいじめを受けていないにもかかわらず、「うちの子はクラスの子たちから執拗ないじめを受けている」と本気で感じることがあるのです。傍から見ると滑稽に（ときに異常に）感じられるようなことでも、当人は至って真剣（深刻）にとらえているのです。なにかがツボに入ると、思考が負のスパイラルに陥ってしまう傾向があるようです。

② ナルシスティック型クレーマー

　ナルシスティック（narcissistic）とは、自己愛性や自己中心性を表す言葉です。このような傾向を持つ彼らは、教員の対応の不適切さなど、こちらが答えに窮してしまうような問題にクレームをつけてきます。「あの授業では、子どもたちに学力が定着しません」と授業参観後に言われたとしたら、教員としてはいくらでも心当たりのある場面が存在します。仮に、うまく答えたとしても、「でも、Ａさんがまだノートに書き終えていないのに、そんなことも把握できずに次の問題に進んでいました」というように、結果論から糾弾してくることもあります。簡単にいうと、教員をギャフンと言わせたいタイプなのです。

対処に困る要求

③ 教育とは無関係な内容

なかには、教員を便利屋だと思っている保護者もいるようで、「子猫の引き取り手を探してほしい」「保険に加入してほしい」などと、学校教育や子どもと全く関係ない個人的な頼みごとをされる場合があります。保護者の頼みとあらば、承諾しないまでも一応話は聞かなければならず、対処に困ることがあります。やんわりと断ったとしても、それでもしつこく要求してきたり、断ったことで立腹されたりと、一筋縄ではいかないケースもあるようです。

④ 教育に関係する内容

教育とは無関係な要求であれば最終的に断ることができますが、「うちの子を学級劇の主役にしてください」「授業ではうちの子を中心に見てやってください」といった学校教育に関係する内容については、理不尽な要求であっても対応に時間をかけざるを得ません。保護者に納得してもらわないと、次に進めないというケースも多いからです。要求を断った場合、「では、先生は一人ひとりの子どもを大切には扱わないという方針なんですか？　だとしたら、このことを他の保護者にも伝えます」というような強迫じみた言い方やクレームに発展する可能性もあります。ですから、理不尽な要求といっても軽く扱うのは難しい問題なのです。

クレームや要求を伴わないが対処に困る言動

⑤ 子育ての放棄・怠慢

放任程度であれば、それも一つの教育方針として想定されますが、
● 給食費や教材費の未払い

- 遅刻や欠席の連絡をしない

などの行為は教員の業務に支障を与えます。集金の督促や連絡の徹底をお願いした場合でも、「そんなことは先生のほうで責任持ってやってよ」などとわけのわからない論理で返される場合もしばしば。子育てを真剣に考えていない家庭なので、早退時の連絡もつきにくいなど、トラブルには事欠かないでしょう。

⑥ 子育ての誤解・曲解

アレルギーであれば献立を調整しますが、学校給食では子ども一人ひとりの好き嫌いに対応することなどありません。ところが、「うちでは好きなものだけ食べるように指導しているんです」と平気で担任に伝え、好きなものだけつまむようにして食べている子を見たことがあります。子どもが嫌がることは無理強いしないという方針なのでしょうが、「宿題も無理矢理にはやらせません」ということまでになるので、困ったことがありました。これは子育ての仕方について、根本から理解できていません。ただ、そうした自覚など微塵もないからこそ問題なのです。

⑦ 教員への攻撃言動

　私が知っている校長は、保護者にビンタされました。「うちの子がいじめを受けているのに、きちんと対応してくれない」と訴えると同時に暴力に出たそうです。「おい、教頭いるか？」と勢いよく言いながら職員室に入ってきたPTA役員もいると聞きます。相当大人を馬鹿にした言動ですが、教員は基本的に泣き寝入りです。特に前者は暴行罪が適用されるものでしょうが、当該校長は「まあ、仕方ないでしょう」と表沙汰にしないことを選んだようです。保護者もそうした教員の姿勢を知っているからこそ、暴挙に出るのです。

⑧ 教員への非常識言動

　かつてのように、運動会での飲酒・喫煙・バーベキューは目にしなくなりましたが、授業参観中の保護者同士のお喋りは相変わらずみられます。あまりに廊下でのお喋りが騒々しく、小学1年生の子どもが「静かにしてください」と言って後ろの扉を閉めたという話を聞いたことがあります。ガムを食べながらの参観も耳にしました。保護者に公開する授業は、何年教員をやっていても緊張するもの。それを馬鹿にするかのような振る舞いは、教員にとって心が痛むものです。

　このような8つの言動が、教員を苦しめています。時を経ても改善される様子はありません。むしろ、形を変えて酷くなっているとさえ感じることもあります。

3 教員の心を蝕んでいくクレーマー

　私は以前、教員が保護者クレームに苦しむ実態を把握しようと、神奈川県内の公立小学校に勤務する教員を対象に「保護者の言動で傷ついた程度と頻度」を調査しました（2009年実施、回収率54％、有効回答524）。その結果、程度・頻度共に高かったのが、「シゾイド型クレーマーによるクレーム」「ナルシスティック型クレーマーによるクレーム」「教員への攻撃言動」の３つでした。このなかで、教員への攻撃言動は、場合によっては犯罪になることもあり、学校として毅然と対処できるところではあります。他方、クレームの対処については、困難を極めます。クレーム自体は違法なものではなく、また衆人環視のなかオープンに行われるものでもないからです。個別で繰り広げられる以上、「言った、言わない」の問題も出てきます。したがって、本書ではクレームへの対応方法に特化して記述していこうと思います。

　さて、こうしたクレームは教員の心を蝕むだけでなく、仕事内容にまで支障を与えていくことがもう一つの問題です。子どもに割かれるべき情熱が削がれる恐れもあります。同調査で「保護者の利己的な言動が教員としての仕事に影響を与えることがあるか」と聞いてみると、

- 「はい」…510名（約97％）
- 「いいえ」…14名（約３％）

というように、支障をきたすという回答が圧倒的でした。「はい」と答えた510名に、さらに具体的な支障の内容を回答してもらった結果を集計したものが表2です。

表2 保護者のクレームによる仕事への支障

具体的に見られる支障	件数	％
1. 保護者の対応に時間がかかる	390	76
2. 精神的にまいってしまい気が晴れない	381	75
3. 子どもへの指導を遠慮してしまう	238	47
4. 保護者への説明責任を過度に気にする	232	45
5. 懇談会等で率直に事例を伝えられない	117	23
6. 他の学級と違うことに過敏になる	84	16
7. 宿題の量の増減など教育活動で保護者の意向を受けすぎる面が出てしまう	76	15

出典：齋藤浩「「モンスターペアレント」の対応策に関するパラダイム転換」『佛教大学教育学部学会紀要』
　　　第9号、2010年

　クレームは、神経をすり減らされるだけでなく、通常の教育活動に大き
な影響を与えているのです。その他にも、次のような意見が出されました。

- やる気がなくなる。
- その保護者を必要以上に意識してしまう。
- エネルギーがいる。
- 子どもの考え方にかなりの影響が出てくる。
- 打ち合わせ等その保護者の子どものケアに対応する人と時間がかかる。
- 保護者にどのように対応していくと子どもにとって良いのか、共通理解を図るための時間がかかる。
- 仕事を辞めたくなる。
- 精神的に疲れ、体重が10kg減り、病気になった。
- 休日も気になって、考えるだけで疲弊する。
- 教材研究に費やす時間がなくなる。
- 無難な対応に終始し、真実を語らなくなった。
- 勤務時間外に対応しなければならず、電話も遅い時間に欲しいというので、帰宅時間が遅くなる。

保護者のクレームと向き合うということは、精神や思考を消耗させ、膨大な時間がかかるのです。教員はただ受け身になっているだけではなく、なんらかの対策をとらなければなりません。

　クレームによっては、学校全体の決まりごとまで変わっていくこともあります。新聞にこんな記事がありました（村上信夫「もったいない語辞典」『読売新聞』2024年3月22日夕刊）。

「熊本県で、ある保護者が学校に電話してきた。「給食の時、子どもたちにいただきますを言わせないでほしい」と。教師がその理由を問うと、「給食費を払ってるんだから」と言う。

　別の学校でのもっと驚く話。保護者が「いただきますは宗教行事みたいだからやめてほしい」と電話してきた。教師側も認めたというのだが、言わないと一斉に食べられないからと、笛を吹くことにしたというのだ。いただきますは、給食開始の合図と捉えられていたのか、と情けなくなる。」

「いただきますを言わせないでほしい」というクレームはよく耳にします。たったひとりのクレームが、学校全体で取り組んできた習慣まで瞬間的に変える力を持っているのかと思うと、心底恐ろしくなります。

　さて、そんな教員が心を病んでしまったり、学校のシステムまで変えてしまったりするほどの力を持っているクレーム。各自治体はどのような方策をとってきたかというと、

● 苦情対応マニュアルの作成
● 対応専門チームの組織
● 弁護士や臨床心理士の活用

などがあります。ただ、こうした方策が功を奏してきたかどうかというと、大きく疑問が残ります。

　先ほどの、私が教員を対象に行った調査において、「これらの方策は、保護者の利己的な言動が減るものだと思いますか？」という質問をしたところ、524名中「はい」が245名（約47％）、「いいえ」が279名（約53％）という結果だったのです。「いいえ」と回答した教員にその理由を聞いて

みると、以下のように対応策に限界を感じている声が多くありました。

- 保護者の意識改革を図ったり、心を変えたりする方策ではない
- 利己的な言動の原因を取り除く方策ではない
- 対症療法的で長期的な解決策になっていない
- 保護者の人間性の問題が大きい
- 保護者の要求や要望が多岐にわたっていて対応が難しい
- 保護者の感覚や考え方が変化してきている
- 対応策が効果を上げているという実感がない

　私が勤務する市にもスクールロイヤーは存在しますが、100を超える小中学校の数に対して、1名の人員。タイムリーな相談は、ほぼ不可能という状況です。いくつかの自治体の対応マニュアルを読んだこともありますが、「丁寧に話せばきっと理解してもらえます」といった一般論に終始しているものが大半。話してもわかってもらえないから、多くの教員が頭を抱えているのです。校内に対応チームを組織するといっても、専門的な知識を持っている教員などいません。「どうしましょうか？」から始まるのが実情です。現実的な問題としていうと、目の前の保護者に対して、教員はなんとか自力で解決していかなければなりません。つまり、保護者クレームに対しては、クレーム専門の対応知識が必要だということになってくるのです。そのためには、クレームを総論として語るのではなく、次のような整理・分析が不可欠です。

① そもそも、それが本当にクレームなのか、正当な要求の範囲内なのかを明らかにする。
② シゾイド型クレーマーなのか、ナルシスティック型クレーマーなのかを明らかにする。
③ それぞれのクレーマーが持つ特徴を理解し、効果的な話し合いにつなげ

られるようにする。

④ クレームをもたらす原因を突き止め、相手の人間性と合わせて本質的な課題を明確にしていく。

　相手の様子がわかれば、対応の仕方があるというもの。本書では、そうした対応方法を数多く紹介していきます。全く同じ事例はないとしても、多少は似たようなタイプの保護者が登場することでしょう。

　国や自治体は、クレームの件数をデータとして集計してはいません。しかし、現場にいる肌感覚では、年々増える一方だという印象があります。それが原因で職場を去った同志も数多くいます。「お互いに肩の力を抜きましょう」と安易に外野が結論を出すことがあってはなりません。実際に保護者クレームを研究し、現場で試して効果があったからこそ、自信を持って伝えたいと思っているのです。

4 なんでも悪く受け取る シゾイド型クレーマー

　精神病理学者であり、精神神経学会専門医の忠井俊明先生は、クレーマーの種類について次のように指摘されています。

「教育現場にしばしば現れるクレーマーは、パーソナリティのタイプからシゾイド型とナルシスティック型に分類することができる。シゾイド型クレーマーは彼らが体験した出来事を常に悪意あるものとして感じる傾向を持っている」（忠井俊明「極端なクレームをつけてくる親」『児童心理』第61巻第8号、2007年）

　私は忠井先生と何度か手紙をやり取りさせていただいたのですが、私に宛てた書簡のなかで、先生は次のようにも指摘されています。

「シゾイド型クレーマーは遺伝（素質）的要因が強く、時代社会を超えて一定数存在すると考えられる」

　パーソナリティのタイプとして、ネガティブに物事をとらえてしまう傾向を持っているのが大きな特徴です。元々ネガティブな気質を持っているので、傾向として次のような様子がみられます。

① ネガティブな思考が連鎖する

　一度悪く受け取ってしまうと、次から次へと思考が悪い方向へ向かっていきます。そのような事実はなかったとしても、「うちの子がBさんに嫌われている」一度そう思ってしまうと、「Bさんは、うちの子の悪口を周りの子たちに言いふらしているのではないか」と、どんどん思考がネガティブな方向に進み、挙げ句の果てには、「クラスみんなでうちの子を無視しているようです」などと教員に詰め寄ってくる事態にまで発展するこ

とがあります。

「そんなことはないですよ」と安易に言おうものなら、担任の責任だとばかりにクレームを入れるようになるのです。保護者がそうした資質を持つので、子どもも似たような考え方をすることがあります。子どもがなんの憂いもなく登校できるようになるまで、クレームが継続する懸念があります。

② 普通の説明が通じない

シゾイド型クレーマーは、一度思い込んだら負のゾーンから抜け出すことが難しく、普通に見たら頭に入るような説明でも受け止められない場合があります。

なくなったと思われた音楽の教科書が、音楽室の机の中から見つかったときのこと。普通に考えると、音楽室に教科書を持っていき、そのまま机の中に入れっぱなしになったと考えるべきでしょう。しかし、「教科書は盗まれたのではないと思いますよ」というような説明が全く通用しないことがあるのです。

「いいえ、うちの子は教科書を置きっぱなしにするようなことはしません。誰かが教室から音楽室へ持っていったんです」そう言い出したら、何度説明しても同じこと。頭のなかに誰かが盗んだという映像が流れっぱなしになり、いくら客観的な事実を伝えても受け入れられなくなっているのです。

③ ときに事実が曲解される

思い込んだら凝り固まってしまうタイプなので、実際にはCさんは消しゴムを盗んでいないのに、「きっとCさんに違いない」と言って執拗に調査をお願いしてくることがあります。

「以前、うちの子はCさんにいじめられたことがある」というのが疑いの理由です。学校としては、その程度のことで子どもに聞き取ることは難し

いのが実情です。しかし、そんなことはお構いなし。「では、Cさんだけがダメなら、全員の持ち物検査をしてください。そうすれば、Cさんだけ調べなくても済むじゃないですか」理由もなき全員検査などできるはずもないのに、真面目にそう思い込んでしまうのです。

あとから消しゴムが見つかることがありますが、謝罪の言葉は期待しないほうが良いでしょう。見つかったらそこで終わりであって、どのくらい相手に迷惑をかけたかというところにまでは考えが及ばないのです。

④ 誰が出たからといって解決するわけではない

シゾイド型クレーマーはクレームを入れて相手をギャフンと言わせることが目的なのではなく、本人が解決したと思う地点がゴールなのです。したがって、特定の誰かが対応したからといって解決するわけではありません。これがナルシスティック型クレーマーであれば、「校長を出せ」「教育委員会の人間を連れてこい」と言う可能性があります。自分に対して学校や行政の責任者が出てきて謝罪すれば、なんらかの自己肯定感を持てるもの。シゾイド型クレーマーの場合は、極端にいえば誰が出てくるかではなく、誰が自分の納得する説明をしてくれるかということが重要なのです。したがって、校長や教頭といったそれなりの立場の人間が出たとしても、具体的な説明がなければ納得しません。「まあ、このへんで納得していただけないでしょうか」という曖昧な言葉では終わらないのです。

⑤ それまでの人間関係は通用しない

絶対にそうだと言い切れるわけではありませんが、今まで該当保護者と良好な関係を築いてきたと思っていても、なにか事が起こると、「あれっ、こんな人だったかな？」と思うほど猛烈な勢いでやってくることが多いです。「今まで、この先生と良好な関係を築いてきたから、ほどほどにしないと悪いイメージを持たれてしまうかな……」というように忖度する気持ちは希薄だといって良いでしょう。我が子にとって大変な事態を目

の前にすると、周りが見えなくなり、相手がどう思うかまで気が回らなくなるのです。教員の皆さん、「昨日までは円滑な関係だと思っていたのに、急にこんな剣幕で来て、なにか悪いことをしたかな？」そう感じる事例に遭遇したことはありませんか。あるとすれば、その保護者はシゾイド型クレーマーの可能性が高いです。

⑥ ゴールが他者からは見えにくい

なにをもって解決（ゴール）なのかが見えにくいのも、特有の傾向です。いじめを受けているという訴えに真摯に耳を傾け、関係児童の指導や学級指導等の再発防止策を提示し、子どもの様子から安心した表情がうかがえたとしても、ときにそれで終わりでないことがあります。しばらく時間をおいて、「今のところは落ち着いているようですが、これから先も本当に大丈夫なんでしょうか？」などと疑心暗鬼にとらわれ、教員側としては一件落着と思われた事例に再び向き合わざるを得ないこともあります。教員に対する不信感というより、相手の子どもに対する不信感です。時間が経ったからこそ、「またうちの子をいじめるのでは……」と一度心配しだすと、前回と同じループを辿るという悪循環になるのです。これでは、なにをもってゴールなのかがわかりません。ただ、教員側としては、「ま

た、来るのではないか……」と怯えるのではなく、そうした相手だということを理解し、来たときにまた対応すれば良いというスタンスが適切だと思います。決して、教員を傷つけようなどという悪意はないのです。

　これらが、元々ネガティブな気質を持つシゾイド型クレーマーの様子です。人とのコミュニケーションがあまり上手でない彼らは、ときに周囲から孤立していることもあります。ナルシスティック型クレーマーのように周りを巻き込み、自分に賛同する人数という武器を手に責めてくることも得意ではありません。ひたすら、目の前に起こった事態（本人にとっては大事件）に執着し、そこだけにのめり込んでしまうのです。したがって、言っている内容ほど悪気はないという感覚で受け止めることが必要です。また、そのように感じられれば、対峙する教員としては余裕が持てるものです。

5 教員をギャフンと言わせたい ナルシスティック型クレーマー

忠井先生は、教員をギャフンと言わせたいナルシスティック型クレーマーにみられる傾向として、「彼らの真の目的はクレームの正当性を示すことではなく、他者を打ちのめすことで他者より優れている自己を証明することにある。尊大な態度や自己中心的な感性を持つ彼らのもつこのような他者軽視のパターンは、クレームを受けた教師に強い不快感と挫折感を与える」という指摘と共に、「教師の対応の適切さの是非といったような水掛け論に終始するような巧妙な問題にクレームをつけてくることが多い」（忠井俊明「極端なクレームをつけてくる親」『児童心理』第61巻第8号、2007年）と、対応の難しさを憂慮されています。さらに、困った問題として、私に宛てた書簡のなかで、「ナルシスティック型クレーマーは社会的変動を受けやすく、今も増えていると考えられる」と、今後、減少していく兆しがないことを危惧されていました。

私が行った先述の調査「保護者の言動で傷ついた程度と頻度」においても、ナルシスティック型クレーマーのほうが割合が多いというデータが出ており、ますます対応が難しくなっていくことが予想されます。彼らの傾向としては、詳しくは次のような様子がみられます。

① 質問に対する回答だけでは終わらない

万全の準備をしてくる彼らは、いきなりクレームをつけるという戦略だけでなく、質問から始めるという方法をとることがあります。例えば、我が子が合唱コンクールのピアノ伴奏者に選ばれなかったとして、「うちの子が選ばれないなんて、先生の耳はまともなんですか！」と単に激昂して

やってくるだけでなく、「今回のピアノ伴奏者の選考方法を教えていただけますか？」という質問から入ることがあるのです。複数の教員で決めたと回答すると、「では、選考基準を提示してください」となります。聞いた印象で決めた、などという曖昧な返答をしてしまうと大変です。次は、「印象という曖昧な基準では納得できません。選考する以上、多岐にわたった評価項目があって然るべきです」と満を持して本題に入ってきます。そんなものは存在しないということを知っていて、自信を持って教員の隙を突いてくるのです。質問は彼らのゴールではありません。質問からスタートさせ、いかに教員の準備が不完全だったのか、いろいろな角度から突いてくるでしょう。質問に対する受け答えから、教員サイドも戦略的に進めなければなりません。

② 簡単に負けが予想されるような問題では来校しない

彼らの目的は、教員をギャフンと言わせることで、自らの存在意義を確認したり、自己肯定感を高めたりすることにあります。負けたら格好悪いということは、彼ら自身も強く意識していることなので、勝算の高い戦いにしか挑んできません。つまり、周到な用意と自分に有利な条件が整った環境でのみ来校してくるのです。出たとこ勝負というのが少ない分、教員にとっては難敵といえるでしょう。

もう一つ負けないための戦略として、「他の保護者も同じ意見ですよ」とか、「何人も訴えたい保護者の方がいますが、私は代表して来ているのです」といって数の論理を提示する場合があります。背後にそんなに多くの賛同者がいるのかと教員を疑心暗鬼にさせ、話の展開を有利にしようとするのです。目の前の保護者にもっと言いたくても、「次に別の保護者が大挙してやってきたら……」とさらに厳しい事態を想定した結果、どうしても遠慮しがちになり、場合によっては彼らの要求を丸呑みせざるを得ないことにもなるでしょう。

以前、ある幼稚園の学芸会で、"桃太郎"の劇を演じた際、「保護者から

の苦情を避けるため、園児全員に主役の桃太郎をやらせた」という驚くべき記事を目にしたことがあります。他人事として見ると奇天烈な内容ですが、当事者としてはそうせざるを得ない圧力があったに違いありません。

③ **基本は文句が言いたい**

　子どもの親という存在意義を考えたとき、本来はあってはならないことですが、他人を攻撃することで気分が高揚するタイプの大人がいるのは事実です。いじめの構図と似ている部分があります。自分はなんの努力もしていなくても、いじめた相手がシュンとすると、「私は相手より上の存在だ！」と優越感を味わえるようです。ただ、他に気に入らない保護者がいたとしても、安易に攻撃することはできません。矛先が我が子に向かう懸念があるからです。その点、教員であれば安心です。保護者に牙を向けることもなければ、とばっちりが子どもに向かうこともありません。「先生に文句言ってやったわよ！」というように、ものを教える立場の人間に対してこちらが教えてやったという自己肯定感を持つこともできます。文句を言うことで、彼らは元気になっていくのです。対して、教員は気力や自信を失っていきます。しかし、そんなことは彼らには関係ありません。それによって、教員が療養休暇や退職に追い込まれたとしても、「力がないんだから仕方ない」という程度の感覚なのです。

④ **自分が正しいと思っている**

　我が子がなにか不利益を被ると、「それは我が子以外の誰かに問題がある」と、自分に都合の良い結論を出す様子がみられます。一般論として、「ある保護者の子どもがピアノ伴奏のオーディションに出たとします。そこそこ上手に弾ける子でしたが、誰が聞いても群を抜いて上手な子が別にひとりいました。誰が選ばれるべきですか？」こう質問したとすると、「特別上手だった子でしょ」と答えるはずです。しかし、我が子が落選したとなると、自分のプライドが許さないのでしょう。「オーディションの

仕方に問題があったのでは……」となってしまうのです。誰が上手かどう
かは聞いた当事者が決めるべきものですが、そこに絶対的な基準が存在す
るわけではありません。教員の対応の是非といったような水掛け論に持ち
込むのも、前提として自分こそ正義だと信じているからだとうかがえま
す。

⑤ 子どものためではなく自分のために行動する

　もし教員の回答が完璧で、意気揚々とやってきた彼らが思い通りの展開
にならなかったとしましょう。それでも誤解が解けたのであれば、子ども
にとっては良い結論のはずです。しかし、なかには、解決したはずが不機
嫌になる保護者もいます。

　「ピアノのオーディションの仕方については印象採点にならないよう、強
弱、リズム、抑揚などを点数化した採点表を作りました。それぞれの課題
曲の解釈についても、事前に共通理解を図っています」というような明快
な説明をすれば、本来、「これでうちの子に今後頑張る方向を示せそうで
す」となりそうなところですが、（これではクレームを入れる余地もない）
と意気消沈する様子がみられることもあります。彼らは、「我が子のため
に……」執拗にこう言いますが、本当は自分のための行動なのです。だか
らこそ、少々無理をしてでも理論で武装し、さも自分の主張が正しいかの
ように話の流れを持っていこうとするのです。

　これらが、教員をギャフンと言わせたい気質を持つナルシスティック型
クレーマーの様子です。彼らは、自分が勝つために周到な準備をし、満を
持して乗り込んできます。対して、教員はそのような展開になっていると
はつゆ知らず、対応が後手に回りがち。テンパっているシゾイド型クレー
マーとは異なり、余裕しゃくしゃくの彼らと対峙した時点で、形勢が不利
なのは明らかです。

第 **2** 章

シゾイド型
クレーマーに
対する話術

1 シゾイド型クレーマーを相手に知っておくべきこと

通じない誠意

　多くの教員は、誠意を持って相手と向き合えば気持ちが通じるという、性善説のもとに仕事をしています。真心はいつか相手に届くという信念にも似た期待は、子どもに対する姿勢としては不可欠なものでしょう。教育現場から心のキャッチボールがなくなれば、殺伐とした空気が子どもや教員の心身の健康を蝕んでいくのは必至です。

　我々教員は、その前提をすべての保護者にも当てはまるものと無意識のうちに思い込んでいるのです。だから、「もう一度子どもの話をよく聞いて対応します」と多くの保護者に通じるはずの台詞を述べた際、「そんなことをしてなんの意味があるんですか？」と反論されると戸惑うのです。彼らは教員に対してケンカを売っているわけではありません。元々、なんでも悪く受け取ってしまうという特徴を持っているだけなのです。わざと攻撃的な姿を見せているわけではなく、本当に教員が子どもと話をすることで解決するのかと疑心暗鬼になっているだけなのです。

　したがって、いわゆる教員側から見た際の誠意が通じないことが多いのが特徴の一つです。こちらが解決策を提示しても、「そうですね。お願いします」とはならず、疑念が先行することが多いです。実際には被害を受けていないにもかかわらず、「またうちの子が被害を受けるのではないか……」と強く思い込み、負の思考から抜け出すことができないのです。私は「通じない誠意」というタイトルにしましたが、換言すると、誠意を込めた言葉かけも心に届かないほど追い込まれているといえましょう。

真心は必ず相手に届くという思い込みは、教員自身の首を絞めるだけです。そうした相手であるという理解に立った対応が求められています。

まるで無限ループ

　何年も教員をやっていると、誰しも「よし、今回の保護者対応案件は一段落ついた。引き続き子どもの様子を見て、ぬかりのないようにやっていこう」そう思ったのも束の間、「やっぱり納得いきません」と再び職員室で電話を受けたという経験があるでしょう。こうした傾向も負のスパイラルに陥りやすいシゾイド型クレーマーの特徴です。

　友達とのトラブルが解決したとしても、相手の子が自宅の近くを自転車で通っただけで、「また、うちの子にちょっかいを出しに来たのではないか……」と脳裏に不安がよぎるのです。不安は、「その結果、うちの子が恐怖のあまり明日学校に行けなくなったらどうしよう」というように妄想と化してどんどん膨らんでいきます。やがて居ても立ってもいられず、翌日も学校に連絡するという早業に出るのです。

　教員としては、一定の解決を見たと思ったはずが、翌日の電話は想定外です。ただ、保護者からしてみると、無限ループのようにして組み立てられたストーリーから類推される我が子の被害は待ったなしで、昨日の今日という日程など考慮する余裕はないのでしょう。教員からすると困った人でも、相手の立場からすると、まさに「困っている人」なのです。ただただ、困っているから電話しているに過ぎません。対応によっては、1年もの間同じ話題に終始することもあるのは、シゾイド型クレーマーならではといえます。教員側からすると、職員室の電話が鳴っただけでドキッとすることではありますが、教員を困らせようなどという気持ちは微塵もありません。困っているのは"私"であり、その不安に耐えられないだけなのです。そうした資質を持った相手だと知ることで、教員の心労も軽減されるはずです。

見つけにくい落としどころ

　いつもの保護者対応であれば、「引き続き、この子が困ったことにならないよう、よく注意して見ていきます」などと話を終わらせる落としどころがあるものですが、教員の想定通りに進まないことが多いのも特徴の一つです。「よく注意して見ていくということは、今まではあまりよく見ていなかったということなんですね」というような思わぬ切り返しが待ち構えていることもあります。決して、教員を困らせようとしての発言ではありません。「今までもあまり見ていなかったことがわかったから、これから見てくれるといっても本当なのだろうか？」と、保護者は保護者で必死なのです。教員にとって最良の落としどころだと思ったところが、反対に不安を助長するという結果にもなりかねません。なにをもって終わりになるのか見えづらいというのが、シゾイド型クレーマーに対応する場合の難しさです。

　ここで保護者の側に立って言いたいことは、決して解決を望んでいないわけではないということです。子どものために解決したい気持ちでいっぱいなのです。ただ、落としどころの範囲が限定されているだけです。納得する結論さえ出れば、「わかりました。先生のおかげで腑に落ちました」と気持ちよく帰途につく可能性があります。これが教員をやり込める気持ちで来ているナルシスティック型クレーマーとの大きな違いです。

　我々教員の意識として大切なのは、決してクレームが目的化しているわけではないということです。納得がいっていないとすれば、それは教員側の感覚による落としどころが、保護者の共感を得られていないだけなのです。その共感のツボがどこにあるのかが見つけにくいところが難点です。反対に、そのツボにはまったとすれば、案外すんなりと該当する事案のクレームは終わるものです。

通じない論理

　起こった事例の実態について伝達する際、「事例について見聞きした子どもに聞いたところ、今回は盗まれたのではなく、本人が置き忘れたものだとわかりました」というように帰納的な帰結に基づいた説明をすることが多くあります。ただ、教員側から見て、論理的に整合性がとれていたとしても、「いいえ。水筒は確かに盗まれたうえで隠されました。簡単に加害者がいないなどという結論にしないでください」こうなってしまうと、堂々巡りになります。いくら論理立てて説明しても、なかなか納得は得られません。盗まれたと思い込んでいる思考を変えるのは至難の業です。
「今日は短縮日課で休み時間はありませんでした。トイレ休憩しかなかったので、教室には何人もの子が残っていました。その状況でランドセルの中をあさって、水筒を盗むことは考えられません」と演繹的な論理を展開しても、同様に通じないでしょう。シゾイド型クレーマーは、論理というつながりから考えるのではなく、思い込みに加え、線ではなく点で考える傾向があるからです。保護者には、休み時間の状況など頭に浮かびません。架空の誰かが、我が子の水筒を盗んだ場面だけが強調され、前後の関わりに思いがいかないのです。映像ではなく、写真をもとに思考しているといっても良いかもしれません。

　なかには、順序立てて説明することでわかってもらえることもありますが、一度悪く受け取ってしまうとそのイメージから抜け出せないこともあります。論理的な話に終始したとしても、時間や空間の広がりに思いがいかないのです。こうなってしまうと、こちらとしてはぐうの音も出ない論理を展開したつもりでも、「それは先生の考えですよね」と取りつく島もない状況になります。教員としては、これ以上なにか新しい情報を提示できるわけではありません。対応が終わったつもりでも、クレームが終わらないのは、そうした理由にもよります。

2 同じ話題（クレーム）に 終始する場合の話術

話術 ❶ 論点を焦点化する

　シゾイド型クレーマーのなかには、発生した事態を点でとらえるあまり、全体像が見えにくくなる人がみられます。線で起きているはずの事案を自分が引っかかる点で見ていくため、他との関わりに目がいかないのです。訴えによっては、なぜ同じ話題に固執するのか理解に苦しむ場合さえ出てきます。

ケース 2-1 「担任がうちの子ばかり注意する」

　Ａさんは、授業中にもかかわらず、周りの子にちょっかいを出すことが多い。周りの子たちも「やめて！」と注意するが、注意されたそばからまたちょっかいを出している。担任はやんわりとした注意を繰り返していたが、あるとき度を超した態度に、「いい加減にしなさい」と強い口調で注意すると、Ａさんは自分ばかりが悪いわけではないと泣き出してしまった。さらに、自分から原因を作っておきながら、「もう学校なんか来たくない」という始末。放課後こちらから電話しようと思っていたところ、先を越されてＡさんの母親から電話が入った。

　母親のクレームとしては、注意された原因を作ったことはさておき、「先生の注意の仕方が悪いから登校を渋りそうになっている」「みんなの前で注意する必要はあったのか」「他にもちょっかいを出す子はいたのに不公平な対応ではないか」、さらに、今回の事案だけにと

どまらず、「普段から我が子を目の敵にしているのではないか」「前々から一方的に決めつけるタイプの教員に見えた」などと言いがかりにも似たような物言いが続いた。担任は、「そんなことはありません」と指摘を否定する姿勢を貫いたが、納得せず、同じ話題で毎日のように電話が来るようになった。

💡 対応のポイント

　我が子が注意されたという事実に対し、周りの子や担任の悪意を妄想的に作り上げ、勝手に被害者を演じています。Ａさんの授業妨害がそもそもの問題点なのですが、あたかも担任の資質が問題であるかのような展開に持っていこうとしているようです。しかし、論点を増やしているのは決して意図した作戦ではなく、大元の事態をきっかけに心配が広がっているだけなのです。

① 意識すべきポイント

　ここでは、広がった話題を整理し、本来の論点に戻す話術が求められます。ただ、それを教員側の論理や都合だととらえられないようにするため、次の点に留意する必要があるでしょう。

- 教員の論理として「こうあるべきだ」ではなく、子どものことを考えたときに「こうしたほうが良い」というスタンスで論点を絞る。
- 担任の資質の議論とは別に、周りの子が困っていることは事実だと伝え、放置しておくことで損失が生まれると訴える。
- 論点を絞り、一つずつ解決していったほうが、保護者も膨大な時間を使う必要がなくなると訴える。
- 問題になっていることが解決すれば、関連した他のことも解決する可能性があると類推させる。

② 避けるべきポイント

　表現内容に敏感なシゾイド型クレーマーは、言葉尻をとらえ、そこに固執する懸念があります。主体を教員にするのではなく、子どもや保護者に置くことを決して忘れてはなりません。したがって、次のような内容に気をつける必要があるでしょう。

- 「今回の面談で解決しましょう」というような期間の提示はしない。
- 周りの子が困っていることを前面に出しすぎないようにする。
- 同じ話題ばかりで進展性がないと訴えることは避ける。
- 話題の広がりを思い込みに過ぎないと決めつけることはしない。
- 不用意に他の教員の意見を持ってこない。

> 話術の展開 論点がずれそうなときは軌道修正する

　配慮すべきポイントを意識し、論点の焦点化を自然な流れとして感じさせる必要があります。そうすることで、繰り返されてきた同じ内容でのクレームは、自ずとその回数を減少させていくことでしょう。

ケース2-1　対応例

保護者　「うちの子がちょっかいを出すという事実はわかりました。でも、それは周りの子が必要以上に煽るからではないでしょうか。また、他の保護者から聞いたんですが、先生は一度その子にレッテルを貼ると目の敵であるかのように注意し続けるとも聞きました。結局は、周りや先生に追い詰められ、結果的にうちの子がちょっかいを出すということになったのではないでしょうか？」

担任　「レッテルを貼るような行為は厳に慎むようにしていますが、私の普段の態度で至らない部分があれば日々改善していかなければなりません。私が今回問題だと感じたのは、普段のAさんの全体的な態

度ではなく、周りへのちょっかいが止まらなかったことです。ここでは、その他の部分を問題視するつもりはありません」

保護者　「でも、それって周りの子がうちの子を煽ったからではありませんか？」

担任　「確かに、ちょっかいを出されて不適切な言葉を返したという子がいました。そこについては指導しました。ただ、ちょっかいを出したのは全てＡさんが先であり、授業を妨害している以上、担任として注意せざるを得ないのが現実なのです」

保護者　「授業中にちょっかいを出すのは良くないと思います。でも、それって先生に対する信頼感が足りないせいではないですか？」

※妄想を広げ、誰かに責任を転嫁したいというシゾイド型クレーマー特有の考え方である。本題はＡさんの態度であり、ここでは相手につられて教員の資質論へと向かわないように気をつけたい。

担任　「私への信頼感が低いからといって、ちょっかいを出す正当性を認めるわけにはいきません。授業中の学習を阻害することがあってはならないからです。また、関わった子以外に聞いてみても、周りが煽ったという事実はなく、ちょっかいは全てＡさんから始まっています。彼を注意しなければ、**別の問題が発生していた可能性もあります**」

保護者　「別の問題って、なんですか？」

担任 「Aさんのちょっかいがエスカレートすることで、周りの子たちが彼から距離を置いてしまうことです。担任が注意しないのであれば、自分たちで措置を講じようとするでしょう」

保護者 「そうならないようにするのが、担任の先生の仕事ではないですか？」

担任 「その通りです。そのための注意だったのです。Aさんは注意されて嫌な気持ちもあったでしょうが、注意を受け入れ、態度を改めようとする姿勢は間違いなく彼のプラスになります。周りの子からの評価に左右されず、注意されてもそのことを糧にできる人間になるというプラス面です」

保護者 「先生。それは先生の都合の良い解釈ではないですか？」

担任 「確かに、理想を語っている面があることを否定はしません。ただ、Aさんのプラスになるだろうという理想を捨てるつもりはありません。注意を難なく受け入れられるようになれば、反対にうまくいったことに感謝できる人間になります。彼の言動を見ていて、そうした可能性は十分にあると思っているのです」

保護者 「でも……」

担任 「他にもいろいろとご懸念はあるでしょうが、今回の注意だけに限定した話をしていきませんか。あまり話を広げすぎると、ご家庭でAさんにこの話題を戻したとき、消化しきれないと思います。子どもたち同士ではもう終わっていることなので、少なくとも友達同士による軋轢などないと思いますよ」

話術のキーポイント

ここでは「別の問題」の発生を懸念することで、論点を目の前のできごとに戻すという作業をしています。話が相手のペースで広がり過ぎてしまうことを避けなければなりません。

話術 ❷ 無理なことは無理だと伝える

　シゾイド型クレーマーのなかには、話を大げさにとらえる傾向を持つ人がいます。教員が、「努力してみます」と言った場合、ときにその努力がなんらかの形で具現化されることを期待してしまうのです。不必要な社交辞令は危険なだけでなく、無理なことは無理だと言わなければ、いつまで経ってもクレームが続く懸念があります。もっとも、要望を無下に断った場合も同様の予想がされ、バランスに苦慮するところです。

ケース 2-2 「専用の教員を配置しないからいじめがなくならない」

　Bさんは、実際に執拗ないじめを受けていたわけではないが、浅慮な言動から、ときにからかわれることがあった。不必要なことを言うBさんにも問題はあったが、揚げ足を取る何人かの子にも問題はあり、双方を注意することはしばしばあった。

　ある日の放課後、Bさんの母親が血相を変えて教室にやってきた。「うちの子は明らかないじめを受けている。担任だけでは埒が明かないので、うちの子の安全を確保する意味で、専用の教員をつけてほしい。実現されない場合は、何度でも来ます」

　どうやら、その日は何人もの子にからかわれたらしく、Bさんは、改善されるまで学校には行きたくないと言っているようだった。対応策を協議しようにも、母親の興奮は収まる気配を見せない。あまりに切羽詰まった様子に、担任は、「管理職と相談して回答します」とっさにそう言ってしまった。言われた母親は期待するも、そんな配置などできるはずもない。「管理職と相談しましたが、難しいとのことでした。学校を巡回するなかで気をつけて見ていくと申しているので、ご理解ください」翌日そう言っても後の祭り。母親は専用の教員を配置するまで諦めないと言い張り、半年近くもクレームが続くことになってしまった。

第2章 シゾイド型クレーマーに対する話術

結局、解決を見たのは、Bさんと周りとの人間関係を配慮したクラス替えのあとであった。

対応のポイント

Bさんがからかわれているというのは、即刻対応すべき課題です。しかし、それとBさん専用の人的配置を行うこととは別の問題です。それがBさんの母親のなかでは同じ問題であり、我が子がいじめの対象になっているのだから、どんな方法をとってでも解決すべきというスタンスなのです。教員としては、できることとできないことを明確に線引きし、期待を持たせる隙を作らないことが求められます。

① 意識すべきポイント

ここでは、はじめから無理なことは無理だと伝えることが求められます。ただ、それを教員側の都合や怠慢だととらえられないようにするため、次の点に留意する必要があるでしょう。

- 物理的な面から無理な場合は、現状を正直に伝え、邪推する余地など入らないようにする。
- 後日回答する場合、期待を持たせる言い方は避け、物理的な面以外の柔軟性が効く部分に限定して答える。その際、「席の配慮について回答します」というように、具体的な提示を心がける。
- 常識的に無理だと思われることでも、相手は無理だとは思っていないというスタンスで対処する。

② 避けるべきポイント

言葉尻をとらえ、「先生は実現できると言いました」というように、物事を曲解してくる可能性がある相手です。過度な期待を持たせないように

するため、次の点に気をつけることが大切です。

- 相手に有利な前例などは決して出さない。相手が出してきたとしても、それは事例が異なるとして対処する。
- 答えに窮する場合は即答しない。管理職に相談することになっても、期待を持たせる言い方は避け、「難しいとは思いますが……」などの前置きをする。
- 新しい提案は極力避ける。クレームを重ねれば言うことを聞いてくれるという期待を抱かせる恐れがある。

話術の展開 **物理的な面から無理だと伝える**

　シゾイド型クレーマーは、教員をバッシングするつもりなど毛頭なく、思考が負のスパイラルに陥っているのが特徴です。何度でもクレームを寄せてくるのは、言えばなんとかなると思っているからに他なりません。無下に断るのは禍根を残すので、相手に「これはさすがに無理な注文だな」と思わせることが肝要です。

ケース 2-2 **対応例**

保護者 「何度も言いますが、うちの子はいじめを受けているんです。そうした事実を知りながら、なにも対応しないのは問題じゃないですか」

担任 「Bさんに辛い思いをさせているのであれば、早急に対応すべき課題だととらえ、3つの対応策をとります。1つ目は、いじめが疑われる事案があった場合、アンケート等を実施し、速やかに事態を把握すること。2つ目は、いじめがみられなかったとしても、情報収集を怠らないこと。3つ目は、専科の教員を含めて観察や指導を怠らないこと。いじめが認められた場合は、校内にいじめ防止対策委員会を設置し、対応策を協議したうえで再発防止策を実施いたします」

保護者 「先生、それって違います。私はいじめが起こった際の対応策を聞きたいのではなく、いじめが決して起きないように、監視する人員を配置してほしいんです」

※ここで言葉に詰まり、「検討します」「管理職に相談します」などと言えば、自分の主張が受け入れられたと曲解される懸念がある。人事に関する要望など受け入れられないというスタンスを貫く姿勢が求められる。

担任 「確かに、お母さまのおっしゃる通りです。ただ、**現実的には配置する教員がいないのです**」

保護者 「校長先生や教頭先生がいるじゃないですか」

担任 「校長は学校全体を見ることを義務づけられています。教頭は校長を補佐する立場にあります。つまり、特定の児童に関わるということが、大々的に認められているわけではないのです」

保護者 「でも、他の学校では校長先生や教頭先生が子どもに教えているという話も聞きます。それって学校全体を見ていることとは違うんじゃないですか」

担任 「学校全体を見て、誰も人員がいない場合、臨時的に対処しているのだと思います。校長が特定のクラスや個人に対応するというのは、本来の職務から外れる行為となります」

保護者 「では、うちの子を見捨てるというのですね」

担任 「校長や教頭が対応に入ることができないだけであって、決してBさんを見ないということではありません。速やかに事態を把握し、いじめが認められた場合は校長以下全職員で対応することになります」

保護者 「全職員で対応する余裕があるなら、はじめから誰か専用の職員をつけられるじゃないですか」

担任 「全職員で対応するとは、ひとりの職員がひとりを見るという意味ではなく、全員で再発防止に取り組むという意味です。25名の教職員で500名の子どもを見るとなると、これが現実的な対応です」

保護者 「でも、職員室にお邪魔すると、何人もの先生たちがいらっしゃるじゃないですか」

担任 「空き時間にいる多くの教員は担任であり、自分のクラスのいじめに目を配らなければなりません。彼らを配置するのもまた不可能なことなのです。ご理解ください」

保護者 「わかりました。では、校長先生に相談します」

担任 「お母さまのご希望でしたら構いません」

※帰り際に寄ることも考えられることから、すぐに保護者と別れるのではなく、「在室かどうか見てきましょう」と言って確認に行くべきである。その際に事態を伝えることができ、統一した対応が可能になる。

話術のキーポイント

学校教育法第37条において、校長は「校務をつかさどり、所属職員を監督する」（第4項）とその責務が明記されています。教頭は「校長を助け、校務を整理し、及び必要に応じ児童の教育をつかさどる」（第7項）と定められています。こうした法令的な知識も、ときに必要になってくるでしょう。「頼めばなんとかなるかもしれない」などという期待を持たせてはいけません。

話術 ③ 解決していない部分の具体的対応を提示する

シゾイド型クレーマーは、物事を悪いほうへ悪いほうへと考えてしまう性質を持つため、「様子を見ていきましょう」などという曖昧な決着は忌避する傾向にあります。曖昧さを教員の不誠実さととらえ、よりクレームが継続するきっかけになる可能性があります。提示内容を精査する必要はあるものの、場面によっては具体的な対応策を提示し、「その件については安心だ」という気持ちを持たせることも解決策の一つです。

ケース 2-3 「Dさんがいる限り学校には行かせられない」

　Cさんは運動が苦手で、みんなでドッジボールをしていてもすぐに当たってしまう。ボールを取る気などはじめからなく、緩いボールに当たって外野に行くことができれば幸いだと考えるタイプの子であった。

　対して、Dさんは勝負にこだわるタイプの元気な子。一見すると、サボっているとしか思えないCさんにイライラする気持ちを募らせてきた。他クラスとの試合。たまたまコートにただ1人残ったのがCさんで、彼が頑張れば盛り返すチャンスはあったが、自ら当たりに行くような形で負けてしまったため、Dさんは大激怒。「お前なんか、このクラスにいらないよ」と執拗にCさんを責め立てたため、Cさんは誰にも言わず昼休みに勝手に家に帰ってしまった。

　担任はCさんが家に帰ったことは知らず、5時間目になり教室に親子で現れたため、そこで初めて事態を把握することに。渋るCさんをなんとか授業に参加させ、放課後母親と改めて面談を実施することになった。担任としては穏便に済ませたいと考え、「これからはもっとよく見ていくようにします」と観察の強化を訴えたが、「今まではうちの子を全く見ていなかったということなんですね」と、母親の怒りに火をつけることとなった。重ねて、Dさんがいる限りは学校には行かせられないと言う始末。我が子が登校拒否寸前まで追い詰められているというのに、他人事のような担任の対応に母親の不信感は増幅するばかりとなり、結局このクレームは1か月も続くことになった。

対応のポイント

教員をしていると、曖昧な決着をつけざるを得ない場合もあるでしょ

う。具体的な対応策をとった結果、それがDさんの保護者の怒りにふれる懸念もあるからです。また、このケースでは、両者が歩み寄るのは難しいと考えられます。気の合わない2人が教員の仲介で和解することなど、不可能に近いでしょう。困難な対応ではあるものの、Dさんが気を悪くしない範囲で、なおかつ両者の距離を適度に保つ提案が求められます。

① 意識すべきポイント

　最も良い解決方法は、CさんとDさんが共に相手を理解し、双方歩み寄りを見せることです。ただ、そんな玉虫色の決着は現実的にはそうそうあり得ません。人間同士合わないこともあることを考えると、互いに距離をとることも選択肢の一つです。ここでは、熱血漢のDさんのことも配慮した対応にすべきであるため、次の点に留意する必要があるでしょう。

- CさんとDさんが揉めるポイントを明確にする。すると、例えば「教室の授業では揉めたことはなく、遊びや体育で多くみられる」などの傾向が出てくるはず。
- 善悪という結論にするのではなく、どうすれば両者が快適に学校生活を送れるかという点を重視する。
- 「いつ」「なぜ」「どのように」Dさんと揉めたのか、という事実関係を正確にCさんの母親に理解してもらえるように努める。

② 避けるべきポイント

- 単純にDさんも悪い、Dさんに配慮するように求めるといった結論にはしない。困難は教員がすべて処理するというイメージを持たせてしまう。
- Cさんが被害を訴えていても、Cさんを被害者、Dさんを加害者というような安易な帰結にしないように留意する。
- 「2人が仲良くできるようにしていきます」といった実現不可能な提案は避ける。

話術の展開 ─ 解決できる部分にのみ注意を向ける

　シゾイド型クレーマーは、はじめから教員の揚げ足を取ろうと狙っているわけではありませんが、「2人が仲良くできるようにしていきます」と安易に伝えてしまうと、その言葉を拠りどころにしてしまいます。再び揉めた際は、「先生の言っていたことと違う」と前言を引き合いに出し、クレームが再燃する懸念も十分あります。具体的な提示であり、なおかつ今後の懸念材料にならない内容であることが求められます。初回の面談で次のような提示がされると良かったでしょう。

ケース2-3 対応例

保護者　「いつものことなんですけど、Dさんは少し運動が得意だからといって、運動が苦手なうちの子を責めすぎると思うんです。この前のドッジボールでも、ずっと怒鳴られていたそうです。先生はそうした様子を見ていながら注意もしてくれなかったというじゃないですか。本人は、Dさんがいる限り学校には行きたくないと言っています」

担任　「お母さまの懸念はごもっともです。他クラスとの試合中ということで、その場での注意はしませんでしたが、あとでDさんには行きすぎた言動について注意をしておきました」

保護者　「そうは言っても、Dさんの攻撃性は以前からずっと続いています。また、今月は席替えして前後の席になったとも聞いています。うちの子はそれだけでもストレスなのに、先生はちゃんと対応してくださる気持ちはあるんですか？」

担任　「対応が不完全であることは、お詫びしなければなりません。ただ、ここで揉めている場面と揉めていない場面との整理をする必要があると考えています」

保護者　「うちの子は、いつも攻撃されていると言っています」

担任 「周りの子にも聞いて確認していることですが、揉めているのは体育や休み時間の遊びのなかでだけらしいのです。国語や算数をはじめとした教室での授業では揉めている様子はみられません。それどころか、算数の時間には、CさんがDさんに教えていることもあるほどです」

保護者 「でも、揉めているんですよね」

担任 「教室の授業では揉めている様子は一度もないので、席替えなどの配慮をする必要はないと思います。揉めるのは、体育や休み時間の遊びをはじめ、勝負ごとのときです」

保護者 「では、先生はどうされるつもりですか？」

担任 「**勝負ごとの場合にのみ配慮するルールを作り、**それをクラスで徹底していくつもりです。まず、休み時間は各自の自由時間なので、レク係が行うクラス全員レクリエーションは参加を強制しないようにしたり、全員参加を求める場合は苦手な子に配慮するルールを作ったりするように促します。体育の時間は、ルールの工夫を促進し、苦手な子でも楽しんで参加できるようにしたいと思います」

※文部科学省「小学校学習指導要領（平成29年告示）解説 体育編」において、「ボール運動の学習指導では、互いに協力し、役割を分担して練習を行い、型に応じたボール操作とボールを持たないときの動きを身に付けてゲームをしたり、ルールや学習の場を工夫したりすることが学習の中心となる」と記されている。

保護者 「そんなことをして、うちの子が浮くことはないんですか？」

担任 「Cさんの場合、運動が苦手なのではなく、ボール運動が苦手なだけです。器械運動、陸上運動などは得意なので、一部の時間での配慮になるでしょう」

保護者 「でも、Dさんだけは気にしますよね」

担任 「DさんもDさんで活躍できるルールにしていくので、それぞれが達成感を持てるようになるのではないでしょうか」

保護者 「それでもトラブルが起きたらどうするんですか？」
担任 「再度ルールを検討すれば良いのです。ルールを工夫するのも体育の時間の学習内容なので、子どもたちも納得するはずです」

話術のキーポイント

　ここでは、「勝負ごと」という限定された場での対応に終始するというメッセージを送っていきます。相手がこちらの土俵に乗ってくれば、あとは勝負ごとの際にどのようなルールを作るかといった会話が成り立ちます。要するに、コミュニケーションが可能なツボを探し出すことが肝要です。

3 不信感で凝り固まっている 場合の話術

第2章 シゾイド型クレーマーに対する話術

話術 ④ 代替案を求める

　シゾイド型クレーマーのなかには、担任への不信感で凝り固まり、なにを言っても耳に入らない状態になる人もいます。保護者の側に立って物事を考えると、「この先生は基本的に誤魔化すことしかしない」という先入観を拭い去れないのでしょう。だとしたら、相手の納得する落としどころを設定しなければなりません。かといって、教員が提示する案には不承知です。目の前の案に固執することなく、視点を大きく変えた代替案を保護者に求めるのも一つの方策です。

ケース 2-4 「不登校になる恐れがあるからうちの子は注意するな」

　Ｅさんは余計なことをしては叱られてばかりというタイプ。掃除の時間にはほうきを振り回し、体育の着替えでは下着姿になった友達にちょっかいを出すことも日常茶飯事。周りからの訴えで注意せざるを得ないことが多いのに、「先生が自分ばかり注意するから、学校がイヤになる」と逆ギレ状態。彼が注意される回数の多さを訴えても、担任としては言いたいことの半分も伝えないように配慮はしていた。

　そこまで配慮していたのに、ある日、Ｅさんの母親が始業前に突然学校に怒鳴り込んできた。「先生はうちの子を不登校にさせたいんですか？」職員室に入って来るなり担任を責めること１時間。授業に行かなければならないことを伝えると、さらに激昂し、「先生のその姿勢では、うちの子は不登校になってしまいますよ。授業の前に、一人

ひとりの心を大切にするのが仕事じゃないんですか」と大声で詰め寄ってくる始末。このままでは何時間拘束されるのかわからない。なんとかその場を収め、再度放課後に面談するということで帰ってもらったが、担任としてはどのような面談にすれば良いのか、ほとほと困ってしまった。

対応のポイント

　担任としては、「注意しないわけにはいかない」というスタンスです。注意しないでほしいという要求は飲めません。そのようなことをしていたら、学級の秩序が崩壊してしまいます。他方、このまま注意を続けていったら、そのたびに母親が怒鳴り込んでくるでしょう。膨大な時間を割かなければならず、はっきり言って時間の無駄です。それでも、Eさんの母親の立場からすると、教員からの提示案を受け入れるつもりはないようです。そういうときは、「では、どうすれば良いと思いますか？」と相手に代替案を求めるのです。提示されたプランに反対するという立場から急転直下、相手を解決の主体に持っていくという戦略です。

① 意識すべきポイント

　最も良い解決方法は、相手が提示した代替案が最善のものだということです。もっとも、そのような玉虫色の結論は存在しないでしょう。言い分は、「だから、注意しないでほしい」の一点張りだからです。

大切なのは、いきなり相手に主役を丸投げするのではなく、いくつかの条件をあげてからバトンを渡すことです。そのためには、次の点に留意する必要があるでしょう。

- Ｅさんが周りを困らせた事例を感情的にならずに淡々と伝える。
- 善悪という結論にするのではなく、どうすればＥさんが快適に学校生活を送れるかという点を重視する。
- 周りが納得することがＥさんの幸せであることを強調する。

② 避けるべきポイント

- 単純にＥさんが悪いという結論にして、Ｅさんの母親を極端に追い詰めないようにする。
- Ｅさんの母親が出したプランが到底受け入れられないものでも、頭ごなしに否定せず、論外だという素振りも見せない。
- 実現不可能なプランに賛同する様子を示し、その場だけやり過ごすようなことはしない。

話術の展開 保護者自身に答えを言わせる

シゾイド型クレーマーの場合、一度関係がこじれてしまうと修復に時間がかかります。教員が解決に尽力しなかったという記憶だけが残り、別のケースでも同じような先入観から始まるからです。ここでは、相手にプランの提示を強いるのではなく、自然にプランを提示せざるを得ない状況に持っていくことが必要です。心理学に、「一貫性の原理」というものがあります。「自分の発言、行動、態度、信念を一貫したものにしたい」と無意識に考えてしまう心理を指します。相手に結論を言わせることで、このような効果が生まれるのです。

| ケース2-4 | 対応例 |

保護者 「先生はすぐにうちの子ばかり注意しています。注意ばかりされるうちの子の気持ちにもなってみてください。こんな状態が続けば、間違いなく不登校になってしまいます」

担任 「Eさんには良かれと思って注意しているので、不登校になってしまったら元も子もありません」

保護者 「そうですよね。だから、即刻注意をやめてもらいたいんです」

担任 「私も極力注意は少なくしたいと思っています。ただ、学校は集団生活の場なので、集団、つまりクラスメイトが困る言動についてだけは注意せざるを得ないのです」

保護者 「わざわざうちの子を注意しなくても、先生がちゃんとしていればクラスもまとまるのではないですか？」

担任 「ご指摘については真摯に受け止めたいと思います。ただ、現時点ではある程度の注意をしないと、周りの子が不満を溜め込む懸念があります。Eさんに対する攻撃にならないように配慮しての注意という意味合いもあるので、それがゼロになるというのは、実のところ不安ではあります」

保護者 「では、先生はどうされるつもりですか？」

担任 「はっきり言って逡巡しています。Eさんを今まで通り注意すれば学校がイヤになり、注意しなければ周りとの軋轢が進んで学校がイヤになる。その塩梅に苦慮しているのです」

保護者 「それを考えるのが先生の仕事なんじゃありませんか」

担任 「ご指摘の通りです。例えば、実際に注意を大幅に減らすことも試したことはあります。ただ、周りからの不満が増してしまうのです」

保護者 「それでも、なにか良い策を考えてください」

担任 「それで困っているのです。周りも納得して、Eさんも自己肯定感が高まる方策がなかなか考えられず……。（敢えてしばらく時間を空けて）どうでしょう？ お母さまからなにか良い方策はありませんか。**彼のことを一番理解しているのはお母さまですから、お母さまのご提案は一つのヒントになるかもしれません**」

保護者 「私はただ注意をやめてほしいだけです。でも、それが難しいということであれば、周りに気づかれないように注意してください。そうすれば、あの子もそこまで意固地にならないと思います」

担任 「なるほど。注意する回数の問題ではなく、注意する環境を整えるという発想ですね。陰で注意していても周りの子はある程度気づくでしょうし、みんなの前でなければEさんもさほど自己肯定感を下げなくて済むわけです。試してみましょう」

保護者 「くれぐれも、あの子の自己肯定感が下がらないような環境でお願いしますよ」

担任 「それならなんとかなりそうです。掃除の時間に遊んでしまったら、あとで教室で注意すれば良いわけですから……。これなら、Eさんも周りも納得するでしょう」

話術のキーポイント

「一貫性の原理」から考えると、保護者としては自分の発言に一貫性を持たせるため、全体の前での注意を避ければ、個別での注意は現行のままできることになります。みんなの前で注意していなくても、個別に注意していれば周りもそれとなくわかるもの。一石二鳥の解決方法といえるでしょう。ただ、保護者のなかにはとんでもない代替案を示す人がいる場合も考えられます。その際、すべてのプランを全否定してしまうとネガティブになってしまうので、一部を採用する姿勢に留意しましょう。

話術 ❺ 適切な教職員を同席させる

シゾイド型クレーマーは権威に対して怯むことがないので、校長が登場したからといって解決するわけではありません。ナルシスティック型クレーマーのように尊大さを見せたいわけではなく、ただ目の前の悲劇から子どもを救いたい一心なのです。だからこそ、聞く耳がないわけではありません。新たな提案が我が子にとって有利だと思えれば、相手が年長者でなくても賛同してくるでしょう。同席させる教職員は、管理職よりもスクールカウンセラーだったり、養護教諭だったりするほうが良い場合も多いです。「権威バイアス」という考え方があります。正式な権威を持つ人物によって検証された情報は正しく、人はその人物からの指示に従うほうが良い、という誤った信念を強く持つことを指します。これは、シゾイド型クレーマーにも当てはまります。

ケース 2-5 「先生の声が大きいのでうちの子が怖がっている」

小学校の規模は、幼稚園の規模とは大きく異なる。Fさんは元々臆病な性質があり、大きな物音や大人数での遊びを嫌がる傾向にあったが、小学校に上がってしばらくすると、「先生の声が大きくて怖いから、学校に行きたくない」と言うようになった。これには、保護者も大慌て。我が子が怖がるほど大きな声を出す担任はとんでもないということで、両親そろっての来校となった。

クレームの内容は、そもそも担任の声量が常識を外れているというものだが、担任の声は並外れて大きいわけではない。担任や学年主任からその旨を説明するが、「うちの子が怖がっている以上、非は担任にある」の一点張り。Fさんに対する配慮として、席を担任から離れた場所に移すことを提案しても、根本的な解決ではないと受け入れる様子もない。両親からしてみると、担任の声はまるで怪獣が叫んでいるかのように映っているらしい。解決を見ないまま、説明が堂々巡り

になってきたので、再度スクールカウンセラーが同席して話し合いの場を持つことで同意し、その日はようやく帰ってもらった。

対応のポイント

　教室全体に声を届かせるためには、ある程度の音量が必要です。それを騒音だと指摘されるのは、なんともやりきれないことではありますが、実際にもある話です。担任としては、安易に「声を小さくします」とは言いづらいもの。声のボリュームを落としたつもりでも、Ｆさんが良しとするかどうかはわからないからです。あまり小さな声にすると、「先生がなにを言っているのか聞こえないみたいです」と別のクレームが届く懸念もあります。事例にもよりますが、単純に校長や教頭を同席させるのではなく、学校内の担当職員を同席させると効果がある場合もあります。権威バイアスの観点から見ると、その道に多少でも通じている教職員が話すことで信憑性が出てくるからです。

① 意識すべきポイント

　解決に向かうためには、まず両親が学校側の話に耳を傾けることです。担任や学年主任、または管理職では限界があるとしたら、相手にそれなりの示唆を与えられる人材を登場させるべきです。クレーム自体を目的としているわけではないので、管理職が登場しても意味がない場合がほとんどです。適切な教職員を同席させるわけですが、そのためには次の点に留意する必要があるでしょう。

- 年齢や経験の有無にとらわれず、養護教諭、栄養教諭、スクールカウンセラーなど、適切な担当の選定を心がける。
- はじめから無理というスタンスではなく、どうすればＦさんが快適に学校生活を送れるかという点を重視する。

- 面談の際には、担任と同席する職員との役割分担を明確にする。
- 同席してもらう職員が非常勤の場合は、事前に面談の日程を調整する。

② 避けるべきポイント

- 担任がすべての課題を解決すべきという固定観念を持たない。
- 経験や役職などは関係しないので、安易にベテランや管理職を同席させるようなことは避ける。

話術の展開 — 同席した教職員が方向性を示す

　シゾイド型クレーマーにも、権威バイアスは存在します。例えばスクールカウンセラーという役職は、序列としての権威ではなく、その道に明るい存在としての権威なのです。換言すると、「多少でも専門知識のある人であれば、解決方法を提示してくれるかもしれない」と期待が膨らんでいる状態です。その段階で、シャットアウトされていた心が開き、聞く耳を持つ状態に変化するでしょう。この心の変化こそ、難しい保護者対応の突破口となります。ただ、同席する担任も黙っているわけにはいかないので、教室でのFさんの様子を伝えるという役目を忘れてはいけません。

ケース2-5 対応例

父親　「なにしろ、うちの子は先生の声の大きさに苦しんでいるんです」

カウンセラー　「Fさんは先生の声の大きさに困っていて、先生はある程度の声量を出さなければならない現実があり、そのなかで2人とも困っているのですね」

母親　「先生は大人だから良いとして、まだ小さなうちの子を救う方法はないのでしょうか？」

カウンセラー　「担任の先生は、教室の全員が聞こえるような声量で

話すことが求められます。他方、前の席ではFさんにとって大きすぎる音量となるようです。つまり、現在のお二方の位置関係では問題の解決が難しい状況であることに変わりはありません。**先生、一度Fさんを先生から一番遠い席にして、そのあと慣れてきたら徐々に近くに移すという方法は可能でしょうか？**」

担任　「可能です」

母親　「遠い席にしても娘が怖がったらどうすればいいんですか？」

カウンセラー　「大切なのは、Fさんが怖がる状況から回避させることではなく、Fさん自身が大きな物音に慣れていくことです。学校以外でも、大きな物音に敏感で苦労されたご経験はありませんか？」

父親　「まあ、あります」

カウンセラー　「そうであれば、ある程度の音量からいつまでも距離をおくのではなく、徐々に慣れていくことが必要です。その慣れる場が学校だと思えば気が楽になるのではないでしょうか」

母親　「慣れなかったら、どうすればいいですか？」

カウンセラー　「そのために、担任の先生がいらっしゃるのです。先生からやや近くの席にして、慣れないようであればまた元の遠い席に戻ればいいじゃないですか。それって、先生、可能ですよね」

担任　「はい。可能です」

カウンセラー　「そうやって臨機応変に対応することで慣れていった例は、今までいくつもあります。先生、どうですか？」

担任　「着替えが苦手で体育がイヤになり登校を渋っていた子が、着替えが長引いて授業に遅れても良いと言った途端、喜々として体育に参加した例がありました。そうすると、自然と着替えも早くなり、校庭にも一番に出ていくようになったほどです」

母親　「うちの子も平気でしょうか？」

カウンセラー　「平気になるために学校があり、担任の先生がいて、我々のような職員も入っているのです。私は週に1回の勤務ですが、

来たときにはＦさんの様子を気にするようにします。それ以上に、担任の先生も毎日見てくれています」

担任　「Ｆさんが慣れることができるように、段階的な対応をとっていきます。その過程で、なにか心配ごとがあればまた言ってください」

話術のキーポイント

　スクールカウンセラーは心理の専門家という立場から助言を行い、担任は学級内での責任者という立場から許可を出しています。このような役割分担をすることで、クレームで訪れた保護者も納得して帰っていく可能性が高まります。権威バイアスの発想を担任にも活用しているのです。ただ、円滑な役割分担をするためには、事前の打ち合わせが必要です。どちらかが功を焦ると、その場は収まってもクレームマインドが再燃する懸念が残ります。

話術 ❻ 保護者の不信感情を子ども中心の議論に切り替える

　シゾイド型クレーマーの場合、一度教員に対して不信感を持ってしまったら、簡単にはそれを覆すことはできません。先入観が思考全体を支配してしまう傾向にあるからです。どんなに目先を変えようと努めても、教員の誤魔化し程度に映ってしまうでしょう。ただ、議論の対象を子どもに切り替えた場合は別です。どの親の立場をもってしても、子どものことを一番に考えているので、話に乗ってくるはず。子ども中心の議論にしたからといって「先生、話を誤魔化さないでください」とはならないのです。教員叩きを目的にしているナルシスティック型クレーマーに比べると、子ども中心の話は入りやすいはずです。

| ケース 2-6 | 「集金を忘れたのに電話をくれなかった」 |

　Gさんはとても明るく真面目な子だが、母親は必要以上に神経質なタイプ。ある日、Gさんが遠足のバス代を忘れてしまうことがあった。しっかり者のGさんにしては珍しいことである。「明日、持ってくれば良いからね」と担任との間では解決しているにもかかわらず、放課後になって激昂した母親が担任に電話をかけてきた。

　主訴は、「集金を持っていくことを忘れてしまったのは家庭の責任ですが、家ではちゃんと用意してありました。なぜ電話をかけて私に届けるように配慮してくれなかったんですか？」という内容。「翌日でも支障はなかったので、電話をしませんでした」と担任からいくら説明しても納得する様子はない。しまいには、「うちの子が恥をかいても良いって言うんですか？」などと極端な議論を展開させる始末。担任としては諭すつもりで、「集金忘れは決して恥ではないですよ」そう言ったが、この台詞が母親をヒートアップさせた。「先生の感覚で物事を判断しないでください。今から学校に行きます」ということで、急遽面談が設定されることになった。

💡 対応のポイント

　担任が伝えた最後の台詞が激昂の決め手になったようです。あまり気にしなくても良いということを伝えたかったものの、Gさんの母親には馬鹿にされたと映ったようです。おそらく、放課後の話し合いは、はじめから担任不信でスタートするでしょう。ここで、「どの家庭や子どもにも忘れ物はあります」などと言ったら墓穴を掘ります。元々母親がこだわっているのは、我が子にとって重大な忘れ物をしてしまったのに、担任が連絡をくれなかったということだからです。子どもを溺愛している母親として

は、我が子が大切なものを忘れてしまったのに、それを放置した担任を許せないのです。相手がシゾイドクレーマーの場合、どこにこだわっているのかを正確に見極めなければなりません。

① 意識すべきポイント

　激昂したGさんの母親に対して、「忘れ物程度、大したことではありません」というスタンスを貫くのは極めて危険なことです。Gさんの母親にとって、集金という忘れ物は大問題だからです。この感覚を払拭させるのは不可能です。Gさん自身は問題だと受け止めていないという伝え方も要注意。「本当は気にしているのに、気丈に振る舞っているだけです」となるのが落ちです。子ども中心の議論に切り替えるといっても、次の点に留意する必要があるでしょう。

- 無理矢理、Gさん中心の議論に持っていくのではなく、話のなかで自然に子ども主体になっていくように心がける。
- 電話することはGさんにとってリスクがあったという話の展開にする。
- Gさんのことを思った結果、今回の判断になったと伝える。

② 避けるべきポイント

- 母親が過去に起こった別の例を出したとしても、それには乗らないようにする。あくまでも、今回の集金に限って話を進める。
- 勝手にGさんの心情を察したような発言をしない。

話術の展開　親ではなく子ども主体の話に持っていく

　母親はGさんが恥をかいたのではないかと訝っているわけです。母親の最優先はGさんの安心・安全ではありますが、攻撃が担任に向いている現在、「担任の先生を許せない」という感情で凝り固まっています。担任は言い訳ととらえられるような発言は控え、ひたすらGさんにとってなにが

良いのか共に考えるというスタンスでいる必要があります。そのために
は、会話の主語をGさんにしていくことが必要不可欠です。

ケース2-6 対応例

保護者 「先生はたかが忘れ物と軽くとらえているのでしょう。で
も、遠足費用の集金は特に大切なものです。まさか面倒くさいと思っ
たわけではないですよね。そんなに手間がかかるものではないのに、
どうして電話をくれなかったんですか？」

担任 「Gさんは忘れ物などほとんどなく、とてもしっかりした子で
す。提出日は今日になっていましたが、業者への支払いを考えたと
き、今週いっぱいでも支障はないのです。Gさんは明日は間違いなく
持ってくるでしょう。続けて忘れる子ではないので、明日集金すると
いうことでも問題は生じないのです」

保護者 「先生はそう言いますが、提出日は今日なんです。だから、
今日忘れた子の家庭には朝のうちに連絡すべきではありませんか？
それとも、うちの子が恥をかくのを平気で見ていられるとでも言うん
ですか？」

担任 「Gさんを含めて、集金を忘れた子は3人いました。3人に聞
いたところ、明日は絶対に持ってくると言っていたので、それで良し
としました」

保護者 「それは先生の感覚です。うちの子は他の2人に合わせて承
諾したのであって、内心ではヒヤヒヤしていたはずです。そんな子ど
もの心もわからないのに、勝手に判断しないでください」

担任 「真面目なGさんらしいですね。だから、普段から忘れ物が少
ないだけでなく、しっかりした学校生活を送れているのでしょう。明
日集金を持ってきたら、教室ではなく職員室に持ってきても大丈夫で
す。どちらが良いかはGさんが選ぶようにしてください」

保護者 「先生は先ほどから私の質問に答えてくれていません。先生

が電話一本かけていただければ、それですべて解決していたんですよ。ただ、私は朝のうちに電話をいただきたかったと言っているだけなんです」

担任　「ところで、**それはＧさんの意思ですか？**」

保護者　「……」

担任　「Ｇさんの意思でないとすれば、電話をするという行為は、彼女の望むものではないはずです」

保護者　「どうしてそこまで言い切れるんですか？」

担任　「Ｇさんは人に迷惑をかけたくないと強く思うタイプのお子さんです。そんなＧさんが、わざわざお母さまが集金を持ってくることを良しとするとは思えないのです。ですから、彼女の意思を推し量り電話をすることは避けたのです」

保護者　「今、集金を持ってきたので、せっかくなので受け取ってもらえますか？」

担任　「私としては一向にかまいませんが、それはＧさんの希望ですか？」

保護者　「……」

担任　「そうでないとすれば、明日Ｇさんから受け取るようにします」

話術のキーポイント

　Ｇさんを大切に育てたいという点でいえば、Ｇさんの母親も担任も全く一致しています。母親は担任に対して当初から不信感を抱いていますが、担任がＧさんを主語にして言う分には、頭から反対はしてきません。つまり、担任として言いたいことについて、Ｇさんを主語にして伝えることで、相手は聞く耳を持つのです。ただ、これは子どもが保護者の言いなりにならず、自分で判断して行動できていることが前提なので、事前の見極めが重要です。

4 現実とかけ離れた論点に固執する場合の話術

話術 ❼ 具体的資料を提示する

　シゾイド型クレーマーは相手の言うことを素直に信じることが苦手で、なにかにつけて疑心暗鬼です。疑い出したらきりがなく、子どもが担任から注意を受けたと聞いただけで、「うちの子は良い子なのに、勝手にレッテルを貼っているのでは……」というように、ときに論理が飛躍してしまいます。しかも、シゾイド型クレーマーの保護者は、自身の飛躍には気づいていません。レッテルを貼っていないことを具体的に説明するのは至難の業ですが、現実を余すところなく晒す姿勢は教員に不可欠です。なにも隠していないということを伝えるのは、彼らに非常に効果的な手法なのです。

ケース 2-7 「学校は体操着を隠した子を指導していない」

　Ｈさんの体操着が見つからないということが、２日続けてあった。１日目、Ｈさんは体操着が見つからないことを言わず、体育の時間は黙ったまま見学していた。翌日になっても私服のまま体育に参加しようとしたので本人に聞くと、紛失したということがわかった。体育が終わり、クラスみんなで教室を探してみると、Ｈさん本人のロッカーから体操着が見つかった。

　これで解決といきたいところだったが、その日の放課後、Ｈさんの母親から電話で、「うちの子の体操着を隠したのは、Ｉさんに決まっている。うちの子は絶対に机の横にかけたと言っているので、Ｉさんが

ロッカーの奥に押し込んだに違いない。Iさんを問い詰めない先生にも責任がある」というクレーム。Iさんが同じクラスであれば可能性はあるものの、揉めた過去から現在は別々のクラスになっている。普通に考えればIさんの可能性はないが、母親はIさんがやったという固定観念から抜け出せないようだった。Iさんが隠したと思っているのはHさんも同様で、それが母親の確信を確かなものにしていた。

　このまま電話をしていても、話が終わる気配はない。翌日の放課後面談する約束をして、とりあえずその日は長い電話を切った。

対応のポイント

　Hさんも母親も、Iさんが隠したという確信を持っています。過去に嫌がらせを受けたという記憶から、なんの根拠もないのにターゲットがIさんに向かっているのです。そう思い込んでいる以上、「現在のクラスが違うIさんの可能性は低いと思います」といくら説明しても、「あの子は他のクラスに入ってでもそういうことをする子です」と同じような答えが返ってくることは必至。担任が思うに、Hさん自身がロッカーに突っ込んだ可能性が高いのですが、そんなことは言えません。そうだとしたら、Iさんでは無理だという材料を包み隠さず提示することが必要です。彼らは情報を小出しにするとなにか隠しているのではと勘繰るので、はじめからすべてを晒け出す戦略をとるべきでしょう。

① 意識すべきポイント

　余計な想像を広げさせないためにも、はじめからすべての情報をオープンにすべきです。あとから小出しにすると、情報を操作したのではないかと勘繰ることもあるので、「学校側は決して隠蔽など考えていません」という姿勢を堂々と示すのです。こうした覚悟は必ず相手に伝わるものであ

り、話の内容に信憑性を持たせる材料となります。こうした覚悟を持った段階で、話し合いは教員の土俵で繰り広げられることになるでしょう。

- 隠しごとをしないという姿勢は、言葉でなく行動で示すようにする。
- 信憑性を持たせる意味から、必要であればⅠさんの担任も同席させる。
- 提示した材料を欲しがる場合、拒否するのではなく、個人情報に該当しない範囲で渡すことも視野に入れる。

② **避けるべきポイント**

- Ｈさんの勘違いだという結論を安易に出さない。
- 最近のⅠさんの様子からは考えられないといった憶測は伝えない。
- 資料の範囲を超えるような憶測は伝えない。

話術の展開 動かぬ証拠を提示する

　シゾイド型クレーマーは、体験したできごとを必要以上にネガティブにとらえる傾向があります。「そんなことはありませんよ。心配しないでください」というような、他の保護者には伝わるはずのメッセージが届かないのです。彼らに言わせれば、根拠のない慰めではなく、根拠ある安心・安全を手に入れたいのです。そこに気づかずに面談を始めると、長期間にわたることにもなりかねません。なんとなく沈静化させるのではなく、明確な完結が求められます。

ケース2-7 対応例

保護者　「先生。うちの子の体操着を隠したのは、間違いなくⅠさんです。前々から、うちの子に対する嫌がらせといったら、必ずⅠさんでした。だから、今回も彼がやったと考えて間違いないでしょう」

担任1　「Ⅰさんの可能性が高いということでしたので、Ⅰさんの担任も呼びました。先生（担任2）、Ⅰさんの可能性は高いですか？」

担任2　「今回については I さんの可能性はないと思います」

保護者　「そんなはずはありません。今まで何度となく、彼に嫌がらせを受けてきたんです。クラスが変わっても容赦ないのでしょう」

担任2　「**（時間割表を提示して）**今日は H さんの体操着がなくなってから2日目ということなので、昨日の月曜日にはなくなっていたということになるでしょうか」

保護者　「そういうことですよね」

担任2　「H さんのクラスの体育は2時間目に入っていました。私のクラスは1・2時間目とも家庭科の授業でした。クラスみんなで家庭科室までそろって行っているので、I さんが1時間目のはじめに隠したとは考えられません。1時間目の終わりに隠すとしたら、家庭科室から H さんの教室まで向かう必要があります。**（校舎図を見せながら）**ただ、教室までは距離があり、短時間で気づかれずに隠すということは現実的ではありません」

保護者　「では、朝休みに隠したのではありませんか？」

担任2　「その可能性はありません。なぜなら、H さんの担任の先生は、いつも教室で子どもたちを迎え入れているからです。I さんが入ったとしたら、気づくはずです。先生、どうでしたか？」

担任1　「私は昨日も教室で子どもたちを待っていましたが、他クラスの子どもが入室することはありませんでした」

保護者　「実はもっと前に隠されていて、うちの子が気づかなかっただけかもしれません」

担任1　「**（週の計画を見せながら）**それは考えにくいです。H さんは毎週金曜日に体操着を持ち帰っています。先週も持ち帰っていたと思います。どうでしたか？」

保護者　「確かに持ち帰ってきました」

担任1　「だとすれば、月曜日に体操着を持ってきたわけですから、朝の時間から1時間目の終わりまでの間に他クラスの子が入り、H さ

んの体操着を隠したということはあり得ません。誰かが隠した可能性は否定できませんが、少なくともIさんでないことは確かです」

保護者 「では、誰が隠したのでしょうか？」

担任1 「これらの条件のなかで考えても、特定の誰かが隠したという事実はわかりませんでした。ただ、お母さまのご懸念もわかりますので、引き続き観察を続けていきたいと思います」

保護者 「なにかわかったら、すぐに連絡してください」

話術のキーポイント

　資料を見せて相手が視覚的に確認すれば、膨大な憶測が減り、事実を認識していくことができます。その結果、「確かに先生の言う通りかもしれない……」と、ようやく同じ土俵に立つことが叶うのです。手間がかかると思われるかもしれませんが、シゾイド型クレーマーは疑り深いのが特徴。学校はなにも隠しごとはしていないし、誰かの肩を持つこともしていないというアピールが必要になってくるでしょう。彼らなりに納得することができれば、案外すっきりして帰ることもあります。

話術 ❽ 専門家を同席させる

　不信感で凝り固まっているシゾイド型クレーマーには、「適切な教職員を同席させる」のも一つの手立てだと書きました（64ページ）。校内には、担任のほかに、スクールカウンセラー、養護教諭、栄養教諭、児童指導専任教諭、専科教諭など様々な立場の教職員がいます。必要であれば、彼らの助けを借りるのが得策です。ただ、あまりに現実とかけ離れた部分に執着し、誰が対応しても埒が明かないというような場合は、可能な範囲で校外の専門家を呼ぶ必要もあるでしょう。目的に照らし合わせたうえで選ぶ必要がありますが、候補としては弁護士（スクールロイヤー）、教育

学者（大学教員）、保健師、業者などがあげられます。

> ### ケース 2-8 「修学旅行の費用が高すぎる」
>
> 修学旅行に向けての説明会を終えたあとのこと。Jさんの母親が学年主任のもとにやってきた。やや血相を変えている様子に身構えて対応すると、「修学旅行の費用が高すぎる」とのことだった。
>
> 数社が入札し、最も安い金額を提示してきた業者にしていることを説明するが、どうにも納得してもらえない。入札用の資料を見せるわけにもいかず、何度必要な経費について大まかな説明を繰り返しても、「団体旅行なので、もっと安くなるはずですよ」の一点張り。しまいには、「先生方が甘い汁を吸っているのでは……」とニュースで連日報道されている事例を意味もなく持ち出す始末。どうやら、教員が子どもから集金した一部をピンハネし、別の用途に使っていると思い込んでいる模様だった。
>
> 様子を見かねて学年職員全員が話に入るが、「みんなでグルになっているんですよね」とかえって逆効果に。誰がどう説明しても埒が明かず、結局別日に改めて説明し直すということで、その場は引き取ってもらった。

対応のポイント

ここまで説明しても議論が堂々巡りになるような場合は、もはや教職員の対応だけでは限界があります。経費を請求しているのは旅行業者であり、細かい説明は彼らだけができることです。細かなレクチャーを受けたうえで教職員が説明するといった方法も考えられますが、専門家を呼んだほうがシゾイド型クレーマーには効果があります。具体的には、教員が司会進行を進めながら、専門家が回答するという形式になるでしょう。「先

生方が甘い汁を吸っているのでは……」というところまで邪推するのはあまりに現実とかけ離れていますが、彼らは一度固執してしまうとその思考から抜け出しにくいという特性を持ちます。場合によっては専門家に助言をお願いすることも必要です。

① 意識すべきポイント

相手の傾向を分析し、無限ループのように説明責任を求められることが予想される場合は、その道のプロにお願いするべきです。ただ、その場合でも、業者に丸投げすることはあってはなりません。あくまでもこれは学校と保護者との問題。業者は解説をするという立場で参加しているに過ぎないのです。

- 業者とは事前に打ち合わせを行い、教員が回答する部分と業者が説明する部分とを明確に分類しておく。
- 今まで教員が回答してきた部分についても、再度業者に説明してもらう箇所を明確にしておく。
- 業者は教員の隣の席にせず、第三者として参加していることにする。

② 避けるべきポイント

- 教員が金銭に関わっていると邪推させないため、教員は業者の言っていることを復唱しないようにする。
- 金額が掲載された資料については、保護者に見せることはしても、決して渡すことはしない。
- 業者を呼ぶのは1回限りとし、再度保護者が説明を求めても、場の設定はしない。

> 話術の展開 ── 話の核心は専門家に言わせる

話の流れを作るのはあくまでも教員であり、業者は指名された場合のみ

回答するように事前確認しておくべきです。そうしないと、保護者が教員を飛び越え、勝手に業者と会話を始めようとするからです。話し合いをスムーズに進めるためには、シナリオのようなものを作っておくことも必要でしょう。

ケース 2-8　対応例

担任　「まず、お母さまのご指摘にあったバス代の件ですが、修学旅行は春や秋が中心となります。観光シーズンとも重なり、特定の台数を手配することも含めて、値段が上がってしまうようです。**Kさん（業者）、どうでしょうか？**」

業者　「補足の説明をさせていただきます。お母さまのご指摘はごもっともです。新聞の折り込みチラシなどで配布されるバスツアーや他の時期のバス代に比べると、修学旅行でのバス代は高くなっております。その理由は、実施する時期にあります。夏や冬に比べると、どうしてもバス代は繁忙期の春や秋に値上がりします。また、バスツアーの安さについてですが、現地での買い物などの出費を期待し、各店舗と提携することで価格を抑えられているのです」

担任　「お母さま、バス代が高い件は納得されましたか？」

保護者　「バスツアーで使っているバスは持ってこられないんですか？」

業者　「見学する場所を学校さまが指定される修学旅行と、見学する場所があらかじめ決まったうえで募集する、いわゆる商業旅行とは大きく意味合いが異なります。商業旅行は現地でお金をたくさん使っていただくことも期待してのお値段設定です」

担任　「バス代について、他に質問はありますか？」

保護者　「修学旅行のバスにはガイドさんがついていないと聞きました。反対に、バスツアーにはガイドさんがついています。その分を考えると、バス代はもう少し安くならないのですか？」

業者　「その部分のご指摘もごもっともです。ただ、バスガイドの有無では料金はさほど変わりません。バスツアーは運転手とバスガイドをセットで考え、あとはコースを案内するなかでどれだけ儲かるかということを考えているのです。バスガイドの料金を単体で設定しているわけではございません」

担任　「バス代以外にも宿泊代金について改善が必要だというお話でしたが、どのあたりで納得いただけませんでしたか？」

保護者　「1部屋に5人も6人も泊まるのに、2泊で数万円というのはあまりに暴利ではないでしょうか？」

業者　「修学旅行で宿泊する宿というのは、一般には大々的に開放していない場合があります。今回の宿は修学旅行生の受け入れを中心に行っています。だからといって、向こうの言い値通りというわけではありませんが、秋というピークの季節であること、100人以上を受け入れてもらい旅館ごと貸し切ることを考えると、この値段が相場です。もう1つランクを下げて別の旅館にするということも考えましたが、こちらは温泉がなく、子どもさん達のニーズとは合っていませんでした」

保護者　「では、業者さんがピンハネしたんですか？」

担任　「Kさん、説明お願いします」

業者　「旅行の取り扱い料金はいただいております。1人あたりの経

費から5％ほど頂戴しております」

保護者 「では、業者さんを入れなければもっと安かったんですね」

業者 「我々業者を入れない選択肢もございます。ただ、バスの手配、旅館の確保、保険の加入などを考えた場合、我々が仲立ちしたほうが、結果として安くなると思います」

話術のキーポイント

　ここで重要なのは、教員は質問には答えず、回答が必要な部分については旅行業者のKさんに振っているということです。専門家であるため、値段設定の根拠から必然性まで、こと細かく説明することができます。現実とはかけ離れた妄想に近いものを思い浮かべていた保護者も、ここまでの説明を聞けば納得できるでしょう。これでも了としてもらえないのであれば、「ご理解ください」と言って話を打ち切るしかないでしょう。

話術 ⑨ ポジティブな側面を見つけ視点を移行する

　教員としては保護者会ですれ違う全員の保護者に挨拶したつもりでも、「私にだけ挨拶してくれなかった。みんなで私を無視しようとしている」とシゾイド型クレーマーはネガティブです。根本から改善することは難しいですが、ものの見方を変えることは可能かもしれません。

ケース 2-9 「先生はうちの子ばかり見張っている」

　Lさんは入学したばかりの小学1年生。幼稚園からの申し送りでは、「新しい環境に慣れるのにとても時間がかかる」とあり、友達もできにくいタイプだと聞いていた。担任としては孤立しないように心配して見ていたが、思ったより慣れるのが早くてひと安心。5月後半になると、友達と連れ立って校庭に遊びに行く姿もみられるように

なってきた。

　授業中の発言や挙手こそないものの、一生懸命に話を聞き、しっかりとノートもとるのでホッとしていたところ、いきなりLさんの母親が教室にやってきた。あまりの険しい表情に事情を聞いてみると、「先生はうちの子ばかり見張っている」というクレーム。担任はなにを言われているのか皆目検討もつかず、詳しく聞いてみると、「先生はいつも自分ばかり見ている、とうちの子がこぼしていました。確かに勉強は不得意ですが、なにか悪いことをするようなタイプではありません。でも、なにかするのではないかと気にして見ているのですよね」そう強く思い込んだまま、主張は変わらない。「そんなことはありません」と何度か言ったものの、「うちの子は他人の気持ちに敏感なんです。なにをしているのか見張るように、クラスの保護者の誰かに言われたのではありませんか？　確かに、合わないお友達もいるようだし……」とネガティブなループからは抜け出せそうもない。担任は別日の面談を予定するのも憚られ、なんとかこの場を収めたいと思っている。

💡 対応のポイント

　一度ネガティブなシーンを思い浮かべてしまったシゾイド型クレーマーは、自力で無限ループから抜け出すことが困難です。ここでは関わった担任になりますが、誰か第三者からの言葉を受け、初めて気づくというのが現実です。方策としては、「そんなことはありません」の連呼は無意味です。言えば言うほど、真実味が欠けていくものなのです。したがって、ガラリとポジティブな話題に変え、相手の目先を変える必要があります。話題を変えながらも、最終的には、「本当にそんなことはないのです」というところに落ち着けなければならないところが厄介です。

① 意識すべきポイント

見え見えの話題転換ではなく、自然に持っていくのがコツ。しかも、子どもに関するポジティブな話題でなければなりません。関係のない世間話を持ってきたら逆効果です。

- ポジティブな側面については、「見張っている」ことに関連したことでなく、なおかつクラス内で活躍している様子などを提示するのが望ましい。
- 視点を変えるのがゴールではなく、子どもが安心して学校生活を過ごすことを目的にした姿勢を貫く。
- 話題を変えたとしても、保護者が関心を示すような、いわゆる食いつきの良い題材が好ましい。

② 避けるべきポイント

- 保護者の言い分は勘違いだという姿勢に終始するのは避ける。
- 子どもの感じ方は間違いであって、その子自身にも問題があるというようなメッセージは控える。保護者にネガティブ思考の傾向がある場合、子どももそうである可能性が高い。
- 教員が対話に入りにくい、親子だけの世界になる懸念があるため、子どもの同席は控える。

話術の展開 ― 保護者の目先を自然に変える

「AさせたいならBと言え」という言葉があります。Bを提示することで、Aの意味に改めて気づく可能性もあります。他の話題を提示し、もう一度Aについて想起したとき、初めて、「勘違いだったのかもしれない」と気づくことになるのです。気づかせるためには、なんらかの仕掛けが必要になってきます。

ケース 2-9 対応例

保護者 「先生はなんの恨みがあるのかは知りませんが、うちの子ばかり見張っているようですね。おかげで、最初の頃にみられたやる気がすっかり影をひそめてしまいました」

担任 「見張っているという事実はありませんが、最近伸びてきたなと感心して見ていたのは事実です」

保護者 「先生。そうやって誤魔化すんですか？」

担任 「**先日の体育の時間のことです。**以前だったら、苦手な種目があると一番後ろに座って話を聞いていたのですが、マット運動の時間、一番前に座って目を輝かせていたのです。どうしてだろうと興味を持って見ていると、Lさんは体操が得意なのですね」

保護者 「ええ。幼稚園の頃からやっていますから……」

担任 「体操が得意なのは見ていてすぐにわかりましたが、私がもっと感心したのは苦手な子たちに教えてあげていた様子です。身振り手振りでなんとか伝えようと一生懸命努力していたのです」

保護者 「学校だけでなく、体操教室ではいつもそうです」

担任 「体操教室でできたことが、学校という違う環境でもできたことに価値があると思います。なぜなら、習いごとで得意なことがある子が全員、学校で苦手な子に教えられるとは限らないからです」

保護者 「そうなんですか？」

担任 「得意であることと、教えられることとは別です。得意な子は得てして自分ができるだけで満足してしまうものです。それを自分の時間を割いて友達と関われるというのは、コミュニケーション力に長けているということではないでしょうか」

保護者 「言われてみれば、そうかもしれません」

担任 「マットの時間にみられたことが、昨日の算数でもみられました。時計の読み方を勉強したときのことです。自分で読み方がわかっ

第2章 シゾイド型クレーマーに対する話術

たのでしょう。できたら算数スキルの問題を解く子が多いなか、隣に座っている苦手な子につきっきりで教えてあげていました。あんまり微笑ましいので、私も見とれていました」

保護者 「そんなことがあったんですね。家ではそこまで話をしない子なので、学校での細かい様子がわからなくて……」

担任 「Lさんの良いところは、そうやって人のために労を惜しまない姿勢です。そうやって育ってきたのですね」

保護者 「ありがとうございます」

担任 「Lさんは今、クラスのなかでも成長株なのです。本当に毎日成長を楽しみに見ています」

保護者 「これからもよろしくお願いします」

担任 「Lさんを見ていくなかで、また新たな発見があれば、学期末の面談などでお知らせします」

話術のキーポイント

「ピークテクニック」というものがあります。ちょっと意外なことを言って、相手の興味を引く手法のことです。Lさんの母親は、「我が子が見張られている」ことに対するクレームで来校しました。そこに我が子の別の場面での活躍を耳にしたのです。興味を引かれないはずがありません。また、我が子の活躍に気づいたのは、担任のたゆまぬ観察の成果です。会話を通して、「見張っていたのではなく、見取っていたのではないか……」と思考が変化したはずです。その時点でネガティブな思考がストップし、反対に担任に対してポジティブな見方に激変した可能性があります。直球勝負だけでは難しいのがシゾイド型クレーマーの特徴です。

5 解決策を提示しても 受け入れない場合の話術

（話術 ⑩）子どものリスクをほのめかす

決して、保護者を脅すわけではありません。ただ、「遠足に行っても班が楽しくなかったら、その段階から担任が一緒に行動するようにしましょう」というように解決策を提示しても受け入れない場合は、遠足に行かないことがいかに子どもにマイナスになるのかをほのめかす必要もあります。保護者は遠足に行かせないことが目的なのではなく、行かせないという切り札を切ることで、教員にさらに踏み込んだ対策をとるように迫っているのです。それがいかに無益なことか、我が子に降りかかる火の粉として感じることで理解してもらわなければなりません。

ケース 2-10 「リレー選手になれなかったから運動会には参加しない」

Ｍさんは、小学5年生までは毎年リレー選手に選ばれていたが、6年生では残念ながら補欠選手にもなれなかった。いじける本人をなだめるのに時間がかかったが、もっと大変だったのは母親のほう。
「先生がリレーの選手を決める日をちゃんと伝えてくれず、走りにくい靴を履いていったので調子が出ませんでした。選考をやり直してほしいです」と何度も担任に迫ってくる。クラス内ではきちんと子どもたちに伝え、学年だよりでも運動会の練習と書いていたが、「この日にリレー選手を決めるとは思わなかった」という。選考会を改めて実施するわけにもいかず、その旨を何度となく電話で伝えたが納得できないの一点張り。しまいには、「今までのようにリレー選手になれな

いなら、運動会に出ても仕方がないので、その日は欠席させていただきます」と担任を脅してきた。子どもを学校に行かせないという手段をとることで、学校側が考えを変えると思ってのことだろう。もっとも、そんなことができようはずもない。

電話でのやり取りは１週間を超え、なんとか現状を打開しようと母親と面談することになった。

対応のポイント

我が子が期待通りに活躍できなかったとき、学校にクレームが来ることがあります。同じ運動会へのクレームでも、ナルシスティック型クレーマーは、学校の対応に問題があったとして論理的に責めてくるのに対して、シゾイド型クレーマーは、「私がイヤなんだから、なんとかしてください」というスタンスです。そういった意味からすると、ここでのクレームはシゾイド型といえるでしょう。恥も外聞もなく、「イヤなものはイヤなんです」という調子でやってきます。我が子がリレーで走れないことに対して、極端なネガティブ思考に陥ってしまうのです。「他で活躍するから大丈夫ですよ」などという慰めが通じるはずもないでしょう。

① 意識すべきポイント

正論をぶつけても、それを聞き入れてもらうことは難しいでしょう。母親がリレー選手以外は受け入れられないと思っている以上、選考をやり直すつもりはないという教員の姿勢が「我が子を大切に思っていない」という薄情さとして映るからです。Ｍさんのリスクをほのめかすことで、リレー選考以外の部分に母親の意識を持っていくしかありません。

● 無理矢理リレー選考の話題から転換することは難しいので、Ｍさんの話をしながら、自然に学校生活全般で活躍できる旨を伝える。

- リレー選考で漏れたことに対してあまりに固執する場合、過度な意識はMさんの発達や今後の活躍に支障をきたすことをほのめかす。

② 避けるべきポイント

- 「リレー選手に固執するのは意味がない」というように、母親の価値観には踏み込まない。
- リスクをほのめかす程度なので、「そうした考え方は良くない」と否定する言い方は避ける。

話術の展開 　過度な固執は子どもに不利益だとほのめかす

　シゾイド型クレーマーは、ネガティブな状況のみに目が行き、周りが全く見えない状況に陥りがちです。担任からしてみると、「リレーの選手くらいで……」と思いますが、Mさんの母親にしてみると、この世の終わりくらいの受け止め方なのです。したがって、相手の価値観を軽視することなく、保護者にとっては深刻な問題を扱っているという気持ちで対応したほうが良いでしょう。

ケース 2-10 　対応例

保護者 「先生はたかがリレー程度で大騒ぎしていると思っているのでしょうね」

担任 「そんなことはありません。Mさんにとって、とても大きな意味のあるチャレンジだったと認識しています」

保護者 「では、選考をやり直してください」

担任 「子どもたちにその日で決めると伝えてしまっていたので、選考をやり直すのは難しいでしょう。改めてやり直すためには、必然性がないと厳しいです」

保護者 「うちの子は速く走れる靴を履いていかなかったという事実

が、そもそも必然性ではないでしょうか。他にも同様の子はいたと思います」

担任 「確かに、速く走れる靴を履き忘れた子はいたでしょう。他にも、体操着を忘れたので私服のまま走った子もいました。ただ、それぞれの事情を聞いて延期していては、なにをもって最終的な選考結果とするのかわからなくなるでしょう」

保護者 「では、少数の子に対する配慮はしないということですか？」

担任 「配慮した結果が、選考をやり直さないということなのです。そもそも、選考をやり直す理由をどう説明すれば良いのでしょう」

保護者 「……」

担任 「速く走れる靴を忘れた子がいるみたいだから、もう一度決め直しましょう、と言うのは憚られます」

保護者 「どうしてですか？」

担任 「何人か名乗り出るとして、該当者が少ないことが予想されるからです」

保護者 「私服で走った子もいたんですよね」

担任 「先ほど言った通りです。ただ、彼は速く走れる靴を忘れたのは自分だから、走りにくいのは自業自得で仕方ないことだと言っていました。おそらく、二度目のチャンスがあっても走らないでしょう」

保護者 「では、靴を忘れた子だけで走らせてください」

担任 「その子たちにもう一度チャンスをあげたとしましょう。その結果、何人の子が名乗り出るでしょうか？　参加する子どもは少ないことが予想され、来たのはMさんだけという可能性だってあります。私たちがどう説明しようと、周りで勘繰る意見も出てくるでしょう。その矛先がMさんに向かうのを避けたいのです」

保護者 「それをさせないのが先生方の役目ではないのですか」

担任 「**Mさんが活躍するのは、運動会だけではありません。**運動会が終われば修学旅行の準備が始まります。Mさんは実行委員長なの

で、そのような雑音のなかに身を置くことなく、次の活躍の場で仕事に没頭してほしいのです。みんなに見えやすいので、運動会のリレーは花形競技の一つとなりますが、彼の校内における頑張りはもっと大きなところにあります。運動会のリレーに固執する余裕などなく、彼はもう次の目標を視野に入れて活動しているのです」

話術のキーポイント

最後に「Mさんが活躍するのは、運動会だけではありません」と伝えることで、あまりリレー選手に固執していると、その他の活躍していることに支障をきたすということを暗にほのめかしているのです。いくら母親がリレー重視の思考から抜け出せないといっても、根本は我が子可愛さからです。これ以上のクレームは我が子にとってリスクがあるとわかれば、矛を収めるかもしれません。いずれにしろ、母親に「これ以上クレームを入れたらうちの子に損かもしれない」と思わせることが重要です。

話術 ⓫ 試行期間を提示する

シゾイド型クレーマーは「長い目で見ていきましょう」などという曖昧な結論は到底受け入れられないでしょう。安易にそのようなことを言えば、自身にとって差し迫った問題の解決をないがしろにされたととらえ、よりこじれる可能性が高いからです。彼らには抽象的な提示ではなく、より具体的な材料が求められます。したがって、今とっている方策の是非を観察したい場合も、「今月25日まで様子を見て、月末に再度面談しましょう」というように具体的な日付の設定をしたほうが、心づもりがしやすくなります。心の準備さえできれば、場合によっては数週間の猶予も可能です。

| ケース 2-11 | 「今のままの席では不登校になる」 |

　Ｎさんは元々人間関係を築くのが苦手なタイプ。小学2年生のときは、自分の席の近くにいる子との関係を上手に築けず、それが原因で登校は週の半分程度。3年生に進級したあとも、4月に変えた席が気に入らず、「近くで僕にイヤなことをする子がいる」という訴えが頻繁にあった。そこで5月に再び席替えをしたものの、「こんな席じゃ、学校には行きたくない」と不登校をほのめかす始末。

　仕方なく、クラスの子たちにはあれこれ理由をつけたうえで、1週間後に再び席替えをするも、今度は母親から、「今のままでは不登校になってしまう。担任の対応は不誠実だ」というクレーム。実際にはＮさんに嫌がらせをするような子はおらず、少しでもうまくいかないことがあると、本人が勝手にそう思い込むために起きる勘違いであった。母親が「どの席でも同じよ！」あっけらかんとそう言えば済みそうなものの、子どもが嫌だと訴えると、その気持ちを代弁するかのように担任にクレームを向けてくるタイプだった。再三の申し出に電話で済ませることもできず、実際に会って話をすることになった。

対応のポイント

　試行期間を提示するということは、最終日まで担任が観察を怠らず、試行期間が終わったら次の方針を提示するというメッセージを送るということです。したがって、安易にクレーム対応を先延ばしにするのではなく、担任は事例に合ったスケジュールを立てることが求められます。具体的には、

- 子どものなにを観察し、
- 問題があるとしたらなにに原因があるのか明らかにし、

- どうすればその子が乗り越えられるのか対応策を考え、
- 将来的にその子をどう育てていくのか

などを明らかにしていくことです。スケジュールを立てる段階では次のことに留意する必要があるでしょう。

① 意識すべきポイント

スケジュール設計については、決して教員側の都合で物事を考えてはいけません。そうした姿勢は保護者に伝わるものです。あくまでも子ども主体の設計とし、「Nさんのためにこのプランがベストだと考えました」という説得力のあるものを提示したいものです。

- 期間の長さを一律に考えるのではなく、事例や対象児童のタイプによって、適切な期間を設定するように留意する。
- 教員の提示に対して、保護者が承諾を渋るような場合、その場で催促するのではなく、翌日に電話で最終確認としても良い。
- はじめから短い期間を提示するのではなく、やや長めの期間を提示してから、相手の要望に合わせて短くする戦略（ドア・イン・ザ・フェイス）をとる（95ページ）。

② 避けるべきポイント

- あくまでも当初のプランを丸ごと受け入れてもらえない場合の策で、最初から期間を提示するのは慎重にする。
- 期間の提示にさえ難色を示した場合は、無理に押し通さない。
- 試行期間を数日単位の短いものにしない。

話術の展開 巧妙に試行期間を納得させる

シゾイド型クレーマーは、確かにすべての点においてネガティブではありますが、具体的な話には興味を示す特性があります。抽象的な話に終始

し、ネガティブな妄想が膨らむより、具体的なイメージを持ちやすい話のほうが効果的です。大切なのは、どのタイミングで期間の提示を行うかです。良きタイミングとしては、前出の話に多少でも興味を持ったときだと思います。

ケース 2-11 対応例

保護者 「先生。なにしろ、今の席はうちの子にとって最悪です。前は落ち着きのないＯさん、隣は意地悪で有名なＰさん。平穏な気持ちで学校生活を送れないことくらいわからないんですか？」

担任 「先週そういった申し出があったため、子どもたちに無理を言って再度席替えをしました。再び行うというのは、どうしても厳しいものがあります」

保護者 「では、ひとりの人間が苦しんでいるのに、先生はそれを放置すると公言されるのですか？」

担任 「放置しようとは思っていません。ただ、無理矢理席替えをするのは、子どもたちに対して説明が難しいのです。担任の権限でできるかもしれませんが、いらぬ憶測を生むのはリスクがあります」

保護者 「それって、先生の保身ですよね」

担任 「今の席は確かにＮさんにとってベストの環境ではないかもしれませんが、様子を見ていると周りと打ち解けてきているように思えます。もう少し様子を見てみませんか？」

保護者 「それは無理して頑張っているんです」

担任 「Ｏさんとは、休み時間によく２人で遊んでいます。ＰさんはＮさんが教科書を忘れたとき、自分から見せてあげていました。Ｎさんも深く感謝していたので、今の席がすべて悪いとはどうしても思えないのです」

保護者 「でも……」

担任 「では、こうしませんか。**席替えは１か月後ですが、今の席で**

3週間様子を見ましょう。それでもNさんがどうしてもダメだと言うなら、黒板が見にくいなどと理由をつけてNさんの席を移動させます。他の子どもたちには、私からうまく話すようにしますよ」

保護者 「でも、結果は同じでは……」

担任 「席替えはまだ何回もあります。そのたびに周りと合わないと言っていたら、対応する術がなくなってしまいます。今回、3週間という期間を設定するのは、長い目で周りと付き合えばNさんの意識も変わるのではないかと期待しているからです。Nさんにはそういう力があると思います」

保護者 「やっぱり3週間なんてうちの子が耐えられるわけがありません。そんなに我慢を強いて不登校にでもなったら、一体どうするんですか?」

担任 「わかりました。では、思い切って2週間にしましょう。最低でもそのくらいの期間がなければ、私も正当な評価をすることは難しいです。どうでしょうか?」

保護者 「では、2週間だけですよ」

担任 「2週間経ったところで、Nさん本人に様子を聞いてみます。また、その結果について電話でお知らせします。必要なら次の方策に向けて再度面談をしませんか」

話術のキーポイント

はじめから2週間と言うと、1週間に縮められる可能性があります。1週間では学級経営の工夫が実を結ぶのには短すぎます。最低でも2週間は必要でしょう。そのために、はじめから長めの3週間という期間を提示したのです。3週間で落ち着けば、それは最高の展開ですが、2週間でも許容範囲です。

これはドア・イン・ザ・フェイスという手法で、必要な要求を通すため

に、まず過大な要求を提示し、相手に断られたら小さな（本命の）要求を出すという方法です。自分の主張が通ったということで、シゾイド型クレーマーも一定の満足感を得られることから、話術のキーポイントになると考えます。

話術⑫ 子どもとの合意を提案する

　シゾイド型クレーマーの特性として、頑固さを持ち合わせていることが原因というよりも、視野が狭くなったり受け入れられる容量が不足したりしていることが原因で、結果的に事実を受け入れられない場合が往々にしてあります。受け入れる姿勢がない以上、なにを言っても情報として入りにくいので、度重なる提案は関係を悪化させることにもつながります。そこで、「具体的にどうするかはお子さんと確認し、またご連絡いたします」というように、間に子どもを入れる方法も出てきます。

ケース 2-12 「仲間はずれになっているのに担任が助けてくれない」

　小学5年生のQさんは自分勝手なところがあり、なにを決めるにも自分が好きな役割にならないとへそを曲げる性質がある。周りの子たちもそんなQさんの希望をある程度叶えるようにしているものの、度を超えた要求に閉口することもしばしば。

　あるとき、クラスの女の子が数人で近くの遊園地に行く約束をした。彼女たちはQさんを仲間はずれにするつもりはないものの、普段から特別仲が良いわけではないので誘うこともしなかった。そこへみんなで遊びに行くという話を聞きつけたQさんがやってきた。休日の遊びまでQさんに引っかき回されたくないと思った彼女たちは、「遊園地に出かけるなんて話はないよ」そう誤魔化したものの、1週間後に出かけることがQさんの耳にも入った。

　Qさんは騙された怒りと哀しみを母親に訴え、翌日母親から担任に

「うちの子はなにも悪くないのに、仲間はずれにされています」と連絡が入る。担任が彼女たちに事情を聞いてみると、案の定、「休みの日くらい、気の合う仲間と過ごしたい」というものだった。休日の過ごし方まで担任が介入できるはずもなく、彼女たちの言い分も間違いだとは思えない。指導をしておいたという曖昧な回答をすると、「仲間はずれにされているのに、先生は助けてもくれないんですか？」と激昂して、その場で来校、面談となった。

対応のポイント

　Ｑさんの主張は、みんなで仲良く休日も出かけられるようにしてほしいというものですが、気の合う仲間同士で出かけたいという気持ちも十分すぎるほどわかります。他方、Ｑさんは、自分が除け者にされているという意識でいっぱいになり、自分の言動が日常的に不興を買っているということには気づいていません。本人にそのことを理解させるのは至難の業ですが、Ｑさんの母親にわかってもらうのも不可能に等しいことです。どちらにわかってもらうのも難しいことですが、まだ子どものほうには通じる余地があるでしょう。ここでは、消去法という形にはなりますが、Ｑさん本人と話すという方策を考えました。

① 意識すべきポイント

　今回のポイントは、誰もＱさんを仲間はずれにはしていないということです。同時に、Ｑさん自身が仲間はずれにされているという認識も、決して的はずれではありません。双方の感じ方は妥当なものなのです。担任といえども、子ども同士の人間関係を無理矢理作るのは度を越しています。したがって、自分が気の合う仲間の枠に入れないこともあるとＱさんに理解させなければならないのですが、単刀直入にＱさん自身の人間

性にふれることは難しいのが現実です。

- Qさんに説諭するという形ではなく、今後の友達関係の方向性を相談するという形をとる。Qさんに向けた話はすべて母親に伝わるという認識を持つ。
- Qさんがしたいこととできること、担任にできることとできないことの区別をし、そのなかで最善策を探るスタンスをとる。
- なにがあっても、彼女たちの人間関係そのものが変わるわけではない。Qさんにはクラスメイトとの関係だけでなく、学校生活全般に目を向けた話をする。

② 避けるべきポイント

- 決して、Qさんが悪いという話には持っていかない。
- 安易にQさんと女の子たちを呼んでの話し合いにしない。女の子たちの保護者から、担任の無用な介入だとされる恐れがある。

話術の展開 ── 背後にいる保護者の存在を意識する

Qさん本人にする話は、すべてそのままQさんの母親に伝わるという意識が必要です。場合によっては、担任が不利な状況に話を書き換えられる可能性もあります。シゾイド型クレーマーの子どもは、保護者と同様にネガティブな可能性が高いからです。話している相手はQさんですが、「こう話せばこう伝わるだろう」という仮説のもと、戦略的な話術が求められます。念を押す意味でも、話し合いの最後に2人で確認したことの復唱が必要かもしれません。

ケース 2-12 対応例

担任 「今回、Qさんはとてもイヤな思いをしたんだってね」

Qさん 「みんなで私のことを仲間はずれにして、内緒で遊園地に遊

びに行く計画を立てていたの。先生、これっていじめじゃないの？」

担任 「仲間に入れてもらえなかったということが辛かったんだね。そういうことって、学校生活で他にもあるの？」

Qさん 「この前の国語の授業でグループ学習があったんだけど、そのときもRさんとSさんでばかり話していて、私に全然話を振ってくれなかった」

担任 「それもイヤなことだと感じたんだね。今、RさんとSさんの名前が出てきたけど、クラスで仲の良い子は誰？」

Qさん 「SさんとTさんかな……」

担任 「SさんとTさんなんだね。2人とも遊園地に行くメンバーには入っていたの？」

Qさん 「Sさんは入っていたけど、Tさんは入っていなかった」

担任 「今回遊園地に行けなかったり、国語の授業では仲間に入りづらかったりしたようだけど、これからQさんはどうしていきたいのかな？」

Qさん 「みんなと仲良くしたい」

担任 「みんなのなかでも、特に誰と仲良くしたいの？」

Qさん 「Sさん、Tさん、Uさんかな……」

担任 「TさんとUさんは今回遊園地に誘われていなかったみたいだから、Qさんだけ行けないというわけではなさそうだね。今度はSさん、Tさん、Uさんを誘ってどこかに遊びに行きたいとも思うのかな？」

Qさん 「うん」

担任 「だとしたら、今度はVさんが仲間はずれにされたと思っちゃうかな」

Qさん 「じゃあ、Vさんも誘う」

担任 「大切なことだね。でも、こうやって誘う子と誘わない子が出てきてしまうのも事実だ、ということがわかったね。Qさんはどう思

う？」

Qさん　「こういうこともあるんだってわかった」

担任　「さすがQさんだね。誰を誘うか誘わないかというのは、タイミングが関係することもある。**つまり、自分ではどうしようもないこともあるってことだ。**Qさんがしたいことはみんなと仲良くすること。ただ、できることは、その時々によって違うということもわかったね」

Qさん　「もしかしたら、私も誰かを仲間はずれにしていたかもしれない」

担任　「誰が誰と遊びに出かけるかは、自分では決められないということがわかればもう大丈夫。自分の思い通りになることと、思い通りにならないことがあるんだね。じゃあ、今日の話をもう1回整理するよ。友達との関係で大切なことは……」

話術のキーポイント

　Qさんの母親に伝えたかったことは、まさに「自分では決められないこともある」ということです。世の中、ままならないこともあると知らなければ、不幸になるのは子どもです。ただ、シゾイド型クレーマーの場合、これだけのメッセージで落ち着くほど簡単ではありません。子どもに伝えた内容によっては、「うちの子も加害者だっていうんですか？」と曲解される可能性もあります。子どもに伝える内容は精査し、子どもとの面談が終わったらすぐに保護者に電話し、誤解されないようにするべきでしょう。

第 3 章

ナルシスティック型クレーマーに対する話術

1 ナルシスティック型クレーマーの特徴

クレーム自体が目的

　彼らは教員という人に教える立場の人間を攻撃し、論破したり傷を負わせたりすることで自己肯定感を保つ、歪んだ感覚のクレーマーです。目の前のことで頭がいっぱいになり、衝動的に教員に向かうシゾイド型クレーマーとは異なり「これなら先生をギャフンと言わせることができる」という確証をある程度得たうえでやってくるので、かなりの注意が必要です。

　なぜクレームのターゲットとして教員が選ばれるかというと、

- 相手が"先生"と呼ばれる職業であること
- クレームを入れたとしても、決して歯向かってこない相手であること
- 攻撃する材料が入手しやすい、または入手できていること
- 子どものためという大義名分が立つこと

などの理由が考えられます。例えば、「授業が下手な新人教員を代えてほしい」というクレームがそうです。新人教員が保護者に歯向かうことなど考えられません。授業参観では素人である保護者にも粗は見え、足りないところはいくらでもあげられるでしょう。子どもの将来を考えたうえで、「今の先生では不安なのです」という大義名分も立つように見えます。こうやってひとりの教員がつぶれようが彼らには関係ありません。なぜなら、彼らには元々共感性が欠如しているからです。「話せば理解してもらえる」そんな絵空事を言っているようでは、この問題は永遠に解決しません。クレームを言いに来ること自体が目的なのです。そうした現実を知ったうえでないと、彼らに適切な対応をすることは不可能といえるでしょう。

ストレスのはけ口

　元々、クレームという行為自体には他者への攻撃性が含まれています。いくら対人関係が仕事の教員だからといって、クレームを寄せられてうれしい人がいるはずはありません。度重なるクレームによって心身に不調を来す教員は多くいます。私も、「実はうつ病の薬を飲みながら仕事をしているの」と表面的にそうは見えない同僚から打ち明けられたときは、心底驚いたものです。多くの教員が心を病みながら仕事をしているのです。しかし、そんな相手の心情に無頓着なのがナルシスティック型クレーマー。彼らは教員がうつむけばうつむくほど元気になるのです。決して口にしないまでも、心のなかでは、「ヤッター」といった心境でしょう。他者を打ちのめすことで自身の優位性を誇示したい彼らは、ストレスのはけ口としても教員を選びます。今や、教員は彼らの自己肯定感を高めるための存在にまで成り下がっているのです。

　例えば、イライラして自分の心のコントロールが難しいとき、彼ら自身は意識していない場合が多いと思いますが、「これは学校がちゃんとしていないからだ」というように問題の本質をすり替え、「教員でも叩けばスカッとするのではないか……」と考えている部分も多いように見受けられます。また、問題が起こったとき、教員が身構えているのにクレームを言いに来ないばかりか、なにかの機会に顔を合わせたとき、妙に機嫌が良いことがあります。反対に、大した問題ではないからと安心していたら、ものすごい形相で来校するといったこともあるのです。言いたいことをぶちまけて帰るときの彼らは、実にすがすがしい表情です。教員を相手にストレスを発散できたと言わんばかりです。タダでこんなにスカッとするのであれば、「なにかあればまた来ますからね」と捨て台詞のように言うのも頷けるというものです。

尊大な態度

　おしなべて知的水準の高い彼らは、弁舌巧みかつ執拗です。なぜ彼らがナルシスティック型クレーマーになるかというと、自らの論理性や表現力、説得力にある程度の自信を持っているからです。「先生なんて目じゃない」という意識があるため、尊大な態度でやってきます。大勢の子どもを相手に授業などできるはずもないのに、ときに、「先生のあの程度の授業なら、私にもできます」と言い放つのもそのためです。もちろん、「では、あなたが代わりに授業をされたらどうですか？」そう言われないことがわかってのうえです。自分には火の粉がかからないということを綿密に下調べし、ここを突いていけば自分の尊厳は守られるといった確証を得てからやってくるので、尊大な態度になるのです。

　ここで注目すべき点は、彼らにパブリックの視点が欠如していることです。うまくいったときには、「おかげさまで……」、うまくいかなかったときでも「お聞きしたいことがあるのですが……」と言うのが常識だと思いますが、プライベートの感覚が常に上回っているのです。端的にいうと、「私がムカついたんだから、言わせてもらう」といった自分本位の感覚なのです。したがって、へりくだるなどという発想は毛頭なく、自分は奉仕されて当然だという意識が尊大さを生むのです。

　困ったことに、忠井先生は、彼らの特性として社会的変動の影響を受けやすい点をあげ、ナルシスティック型クレーマーはこれからも増え続けていくと示唆しています。周りがクレームを言ってばかりであれば、「それならば、自分も……」となることは必至です。至るところで尊大な態度が横行すれば、それがモデルとなりさらにクレーマーが増える懸念があるのです。

仲間への手土産

　ナルシスティック型クレーマーは、教員を貶めることで、自らの自己肯定感を高めようとするタイプです。ものを教える職業に就いている教員に勝つことで、自らの存在が何者にも代えがたい崇高なものだと思いたいのです。したがって、勝利の味を自分の心だけに留めておくのは難しく、仲の良いグループの仲間には、「あの先生、なにもわかってないから、しっかり言っておいてやったわ」というように、戦利品としてなにかしらのアピールをする傾向もみられます。「なにを言ったの？」と仲間から問われれば鼻高々としたものでしょう。自らの手柄を事細かに報告するはずです。報告を聞いた仲間の反応を見て、また自己肯定感を高めるのが彼らの特性なのです。それだけならまだしも、彼らは、「あなたたちも言ったほうがいいわよ。黙っていても、結局そのまんま。言わなければ損するだけよ」と周りをたきつけることもします。たきつけられて学校に向かった仲間の報告を聞くことで、彼らは連帯を深めていくのです。ナルシスティック型クレーマーのなかには、自らの主張に加え、「先生。これは私だけでなく、みんな言ってますよ」と、いかに自分の言っていることが正論なのか、頼んでもいないのにアピールする様子がみられることもあります。自らの主張は決して自分本位の偏ったものではなく、王道を行っていると高らかに宣言したいのでしょう。ただ、私が以前同じようなことを言われたとき、「みんなというからには大勢なのでしょう。全員のお名前をあげていただけますか？」そう質問したときには、相当驚いた様子がみられました。仲間といっても、クラスの保護者の主流とはいえない場合もあるので、正しく吟味することが必要です。もっとも、彼らの人数が予想以上に多く、大挙して学校に押し寄せる場合もあります。数の論理で、正当性をアピールしようというねらいです。

2

教員をギャフンと言わせたい相手への話術

話 術 ⑬ 堂々と爽やかに謝罪する

　ナルシスティック型クレーマーは、はっきりいえば教員のしょげた顔を見たいのです。彼らからして、「この先生、恐るるに足りず」と思えば何度でもやってきます。毎日のように学校に電話をするというのは、何度でも相手をギャフンと言わせ、自分の欲求を満たしたいからに他なりません。反対に、「この先生、なにを言っても効き目がないのかも……」と諦めにも似た気持ちにさせられれば、クレームの回数が減る可能性があります。ギャフンと言わない限り、教員を責める甲斐がないからです。

ケース 3-1 「授業参観でうちの子の意見を生かしていない」

　それは授業参観が終わった翌日のこと。Aさんの母親から電話が入った。担任がとってみると、「昨日の授業はナンセンス。良い意見が出ているのに、先生が生かしきれていない」というクレームだった。担任にはなんのことだかさっぱりわからない。もう少し詳しく聞いてみると、Aさんが勇気を出して意見を言ったのに、その内容を板書しなかったというお怒りの内容だった。

　担任にしてみると、Aさんの意見はややピントがずれており、配慮の一環として板書を見送る判断だった。だが、そこを遠回しに説明しても、母親は一向に納得しない。ただただ、「うちの子の意見から物語の読解を深める手立てはあった」の一点張りで、担任の力量不足を責めるばかり。挙げ句の果てには、「先生。普段の授業もあんな感じ

なんですか？」と抽象的な話題で、担任が答えにくいような質問を投げかけてきた。回答に困っていると、さらに、「それでも先生っていえるんですか？」と人格を否定するような言葉まで浴びせてきた。

対応のポイント

教員も人間である以上、全員がどのような学習状況にあるのか把握するのは困難です。ナルシスティック型クレーマーは、そうした答えに窮するような問題に巧妙に難癖をつけてきます。

「あのとき、うちの子の意見を生かす方法もあった」と言われても、すでに終わった授業のことです。Aさんの母親としては、時間をかけて自分なりの台本を準備し、そのうえで担任が困るような質問をぶつけてきたのです。人との共感意識が低い彼らとわかり合うのは至難の業。その場をなんとか取り繕っても、それは次の攻撃へのプロローグでしかないのです。

① 意識すべきポイント

ここでは、母親ががっかりするような対応が必要です。つまり、担任は意気消沈した様子を見せるのではなく、「いただいた意見も生かして、もっと授業を充実させていきたい」というポジティブな様子を見せれば良いのです。これからの糧にするとなれば、なんら回答する必要はありません。自分のポジティブな意思を見せるだけで、彼らの戦闘意欲は減少していくはずです。

- Aさんの母親からの指摘は以前から考えていた内容であり、ゼロから授業を見直すまでのことではないというスタンスをとる。
- 表面的には善意の指摘を受けたという気持ちで、爽やかに授業全般への改善の意思を示す。

② 避けるべきポイント

● 「実はこんな授業をするつもりだった」という具体的な回答は泥沼にはまる可能性があり、なるべく避けたい。

● 爽やかさが服従や同調ととられないように注意する。

● 内容によっては堂々とした態度や爽やかさはそぐわないこともあるので、なににでもこの手を使うことはしない。

話術の展開 ⤵ **角が立たず堂々と爽やかな様子を演出**

　Aさんの母親は、担任をギャフンと言わせたくてうずうずしているわけです。自分が強く主張すれば担任はひたすら謝罪し、今後の授業の改善について強く約束すると信じきっています。その自分が絶対に有利だという心理を逆手にとるのです。「あれっ、私の攻撃が効かない」と思った瞬間、今後は簡単な問題では責めてこない期待が持てます。再発防止の意味合いから、堂々とした爽やかなスタンスは必要となってくるのです。

ケース 3-1 対応例

> 保護者 「もう一度言いますが、うちの子の意見は話し合い活動を活発にする力を持つものでした。なぜ取り上げなかったんですか？」
>
> 担任 「**（爽やかな笑顔で）** Aさんの意見は本当に良い視点から述べられたものでした。取り上げたいのは山々でしたが、話し合いの方向が登場人物の会話内容に行っていたのです。地の文にある接続語を指摘する発言だったので、次の授業で取り上げようと思いました」
>
> 保護者 「なにを言っているんですか？　うちの子は授業参観という大舞台で、思い切って発言したんですよ。それを生かせないなんて、それでもプロの先生なんですか？」
>
> 担任 「**（爽やかな笑顔で）** 生かしきれなかったと言われれば、Aさ

んの発言を含め、授業のなかで至るところにあったと思います。Aさんの接続語の指摘、Bさんのテーマに対する着眼、Cさんの他の物語との比較など、盛りだくさんでした。子どもたちの気づきを生かして、次は接続語とテーマの分析、そして最後に他の物語との比較などを行うことを考えています。同時に処理できれば良かったのですが、私にはまだその力量がないのかもしれません。日々、勉強になります」

保護者 「そうやって、うちの子の意見を取り上げなかった言い訳をされるんですか？」

担任 「**（堂々と）**取り上げないのではなく、取り上げる時期を変えるのです。先日の授業参観では、登場人物の会話に着目しました。次は接続語やテーマに着目します。このように、それぞれの視点について分析したあと、それぞれの視点をあわせてみることで、なにに気づくかという議論を始めるのです。複数の視点が混在した議論をしてしまうと、国語が苦手な子どもにとっては厳しい時間となるでしょう」

保護者 「では、私の意見には耳を貸さないというわけですね。なんでも言ってくださいというのはリップサービスですか？」

担任 「**（爽やかな口調で）**いいえ。お母さまのご指摘は大いに参考になりました。最初から混在した視点で見ていくと、どうなるのだろうと想像してみたのです。すると、例えば1の場面で会話文、接続語、テーマとの関わりについて話し合い、続く4つの場面でも同じように扱うという方法が考えられます。今回の物語では、はじめに会話文に着目して5場面すべてを読み、次に接続語に着目して5場面すべてを読むという方法にしています。それぞれに利点があるので、今後よく吟味したいと思ったのです」

保護者 「では、先生の次の授業に期待しますから」

担任 「**（堂々と）**ありがとうございます。特に国語の授業は母国語で成り立つことから、いろいろな指導法があります。これが正解とい

うのがないことが特徴ともいえるでしょう。お母さまのご指摘は私も悩んでいた部分なので、とても参考になりました」

話術のキーポイント 🔑

　ここでのポイントは、堂々と爽やかに対応することと、丁寧に話を聞き、相手の問題提起に謝意を示しながらも、全く受け入れる姿勢を見せないことです。相手をギャフンと言わせたい彼らは、こうした対応が苦手です。仲間になんの手土産を持っていくこともできず、否定や言い訳もないので突っ込みどころが存在しません。いってみれば"無抵抗・不服従"といったところでしょうか。彼らは教員が沈んでいく様子を見るのがなによりのご馳走なので、今回はなんのご馳走も手に入らなかったことになります。

話術 ⓮ 謝罪と反論のバランスをとる

　ナルシスティック型クレーマーは、謝罪だけ、反論だけに終始するといった対応が大好きです。なぜなら、教員が謝罪だけしかできないと見るや、自分が常に優位性を保てる相手だと知るからです。強者・弱者の関係ができてしまったら、その関係性は担任をしている間ずっと続くでしょう。また、反論に終始する相手も嫌いではありません。いくら教員が反論しても、細部を突いていけば反論しきれないものだと知っているからです。例えば、対応の不十分さという点から見ると、1人の教員がクラス全員のことをもれなく理解し、的確な指導をすることなど不可能です。反論だけしていても、どこかで限界を迎えます。大切なのは、謝罪と反論のバランスをとることです。

ケース 3-2 「演出はプロに頼め」

　総合的な学習で1年間取り組んできた内容を劇で発表することにな

り、子どもたちと一緒に台本を考えた。当然、演出など深く考えることなく、学習の成果として保護者に発表することになった。劇の目的は演出ではなく、大切なのは総合的な学習で取り組んだ軌跡を伝えること。子どもたちは総合的な学習を通して探究的な学びの力をつけ、達成感に満ちた１年間だったので、問題はないと思われた。

　劇が終わると、多くの保護者から賞賛や労いの声が集まった。ところが、最後に教室に残ったＤさんの父親から、「劇としての演出がなっていない」と強い口調でクレームを受けた。演出の専門家ではないので、なにをどう答えれば良いのかわからない。完成度の低さを謝罪するも、「では、プロの演出家に依頼すれば良かったのではないか」と言われる始末。現実的には無理な話である。何回か謝罪したものの、具体的な改善策を提示してもらえないと納得がいかないという返答であった。劇の演出に関する明確な回答などできるはずもなく、そのあと、日を改めて話をすることになった。

💡 対応のポイント

　Ｄさんの父親は、演劇等の演出に多少でも詳しいのでしょう。担任の知識が十分でないと見るや、「俺のほうが詳しい。教員なのに、なんて体たらくだ」とばかりにクレームを言ってきたのです。演出という議論では負けない自信があるはずです。

　そもそも、学級劇に演出家を入れられるはずもなく、本来は反論だけに終始したいところですが、そうなると相手は振り上げた拳を下ろしません。不本意ではあるでしょうが、謝罪と反論をバランス良く入れる必要があります。彼らに一方的な勝利はタブーで、引き分けねらいが順当だと思われます。ナルシスティック型クレーマーを叩きのめして帰したとなれば、彼らは必ず次の機会をうかがうはずです。

① 意識すべきポイント

　バランスをとるといっても、こちらに分があるのに敢えて負けるふりを
するように言っているわけではありません。流れのなかで、謝罪が必要な
場面と、反論するべき点が必ず出てきます。必要な場面で、自然に謝罪や
反論をすれば良いのです。

- 相手のねらいは、演出家を入れることではなく、担任の力量不足を指摘
  することだけ。演出という言葉に乗せられないように注意する。
- 自らの経験論はそこそこにして、あくまでも学校という組織のなかにプ
  ロを入れることは難しいという現実的な条件を訴える。
- ここで必要なのは、演劇論ではなく教育論である。教育論になれば教員
  の土俵に相手を乗せることができ、終始こちら側のペースで話し合うこ
  とが可能になる。

② 避けるべきポイント

- 学級劇における演出の完成度については議論しない。Ｄさんの父親は細
  部まで指摘できる材料を持っている可能性が高く、話し合いが泥沼化し
  てしまう。
- 相手の経験論や専門的な話になっても、決して否定しない。否定すれば
  するほどクレームは長くなる。

話術の展開 — 謝罪と反論を半々で入れる

　なにしろ、Ｄさんの父親は自信満々でやってきます。わざわざ教室に
残って教員に指摘したのは、指摘する材料を持っているからです。事前に
子どもから劇の内容や取り組みの過程を耳にし、クレームを言うことを目
的にやってきた可能性すらあります。ナルシスティック型クレーマーと
は、そのような存在なのです。相手を持ち上げすぎると調子に乗り、反論

すれば揚げ足を取るという実に厄介な相手です。言葉を慎重に選び、後ろ指を指されないように気をつけましょう。

ケース 3-2　対応例

保護者　「先生。今日の劇は一体なんですか？　劇としての演出がなっていません。これでは、子どもがかわいそうですよ」

担任　「私自身、劇の演出について門外漢であり、**申し訳なかったです**」

保護者　「では、プロの演出家に依頼すれば良かったではありませんか？」

担任　「私に劇を演出できるだけの知識や技能があれば良かったのですが……。確かに、プロの演出家に頼むことができればベストですが、予算や他クラスとのバランスを考えると、現実的に厳しいのです」

保護者　「でも、素人の先生が演出したから、劇の体裁もとれないような出来になったのではありませんか」

担任　**「返す言葉もありません」**

保護者　「演出ということを考えたとき、もう少しなんとかできなかったんですか？」

担任　「演出という点からすると、確かに問題はあったかもしれません。他方、総合的な学習で今まで取り組んできたことをまとめるという点では、ねらいに到達できたと思っています」

保護者　「先生。誤魔化すんですか？」

担任　「いいえ。これは総合的な学習の発表であり、学級劇の発表ではありません。発表内容を劇仕立てで考えたのであり、演出が不十分でも内容には問題はなかったと思います」

保護者　「今、演出が不十分だったと認めましたね」

担任　「至らない部分が多かったのは事実です。その点につきまして

は、**反省しているところです**」

保護者 「つまり、不十分な演出だとわかっていながら、我々保護者を呼んだということになりますよ」

担任 「劇の完成度を楽しみにされていた方がいましたら、その点については**謝罪したいと思います**」

保護者 「では、なにについては謝罪したくないのですか？」

担任 「子どもたちの取り組んできた姿勢です。子どもたちは、川の汚れを場所ごとに調査し、ゴミの種類や量ごとに整理していました。そして、どうして場所ごとに違いがあるのか緻密な分析を行いました。分析してわかったことは、劇のなかの台詞にあった通りです。つまり、探究的な学びを目的とした今回の学習で、子どもたちは十分に学びを深めていました。そこが一番の肝なので、総合的な学習としては成立していたと思っています」

保護者 「劇の演出は、完璧にして初めて成立したといえるのではないんですか？」

担任 「おっしゃる通り、探究的な学びのプロセスにおいて表現の仕方も重視されているので、その点では**課題があったと思います**」

保護者 「非を認めるわけですね」

担任 「その点における私の**力量不足は認めざるを得ません**」

保護者 「では、このような暴挙は今後控えてください」

担任 「今後も教育活動には慎重に取り組んでいきたいと思います」

話術のキーポイント

　ここでは、謝罪と反論を交互に繰り返しています。反論が続くと、ナルシスティック型クレーマーは勢いづく恐れがあるからです。謝罪してすぐに反論するのではなく、もう一言相手に言わせたうえで反論したのもキーポイントです。そうすれば、結果的に反論する内容を彼らが提示してくれ

るからです。彼らの誘導によって反論しているわけなので、自然と揚げ足を取るのも難しくなります。相手の出方をうかがって謝罪と反論のタイミングを判断するという駆け引きが必要になってきます。

話術 ⑮ 主語を「子ども」にして伝える

　彼らは大人であり教育の専門職に就いている教員を攻撃するのに躊躇しませんが、対象が"子ども"になるとそうはいきません。おしなべて知的水準の高い彼らは、自身の刃が子どもに向かえば正義ではないと知っているからです。したがって、主語を「私（教員）は」としてしまうと、「それは先生の勝手な論理ですよね」と言われてしまいますが、例えば「子どもたち」を主語にすると、攻撃するのを控えます。相手が子どもでも容赦なく攻撃する無法者だと思われたくないからです。子どもを責めたとなれば、周りの大人たちも同調はしません。周りの空気に敏感なのが彼らの特性の一つなので、そこを利用しようというわけです。

ケース 3-3　「もう一度運動会をやれ」

　今年度の運動会は土曜日に開催予定だったが、雨天により日曜日に順延。しかし、日曜日も雨天のため、翌月曜日に運動会が開催されることになった。平日開催ということで、学校としては保護者の参観が少ないのではないかと懸念していたが、そんな心配もよそに多くの来場者で大盛り上がりのうちに終わった。

　学校としては大成功だと思っていたところ、Eさんの父親から一本の電話が入った。内容は、「月曜日の開催だったから、仕事で俺が見に行けなかった。もう一度運動会をやり直せ」という無謀なもの。終わった運動会をもう一度やり直すことなど考えられず、その旨を丁寧に伝えても相手は納得しない。しまいには、「公開の機会を与えないのは、人権問題だ！」というところまで話が発展する始末。電話越し

にも怒りが伝わり、これは実際に会って話さなければならないという結論に至った。
　父親は1人で来校するというので、学校側も大人数にならないように、担任を含めた話し合いで、校長と体育主任が対応することに決まった。案の定、校長室に入って来た父親はいきり立ち、「おい、どうなってるんだ？」といきなりべらんめえ調で口火を切ってきた。

対応のポイント

　この父親は、怒りが頂点に達した状態で来校しています。順延の予定が事前に伝えられていたことも知っていれば、月曜開催でもそれなりの盛り上がりを見せたことも知っているでしょう。そのうえで、「俺をないがしろにした」という身勝手な論理で来校しているのです。したがって、学校側の立場や予定などをいくら説明しても、「じゃあ、父親として運動会を見る権利がないってことか？」と余計に火をつけてしまうでしょう。言葉尻をとらえ、学校の教育姿勢にまで踏み込んでくること必至の相手です。学校としては、子どもの立場や気持ちになって言いたいことを伝えるのが

ベストでしょう。なにしろ、「ご理解を……」などと下手に出てわかる相手ではないのです。

① 意識すべきポイント

主語を「子どもたち」にして伝えるということは、両者を教員対保護者という構図から、共に子どもを見守る立場の大人という同じ方向に向けることを意味します。彼らも子どもを批判するわけにはいかず、頭ごなしの態度は緩和されるでしょう。

- みんなで作った運動会ということを強調するため、「子ども」ではなく「子どもたち」を主語にする。
- 教員を威圧して言うことを聞かせようというスタンスなので、まずは言いたいだけ言わせ、どう言えば相手に効くかというポイントを探す。

② 避けるべきポイント

- 主語を子どもにするからといって、教員の言いたいことをすべて子どもの立場から伝えることは避ける。
- 「俺の子どもの気持ちがわかるはずないだろう」と言われる可能性があるため、Ｅさんを主語にした言い方は避ける。
- いきなり校長が説明を始めると、存在が軽くなってしまうので、校長は泰然自若。体育主任が説明の大半を担うようにする。

話術の展開 ─ 主語を子どもにして保護者のエゴを抑える

そもそも、「もう一度運動会をやれ！」とまで言うのは、相当なクレーマーといえるでしょう。謝罪一辺倒でもやがては終わるのでしょうが、それでは１時間を平気で超えることも考えられます。「学校は俺の話をなんでも聞いてくれる」となれば、次のクレームはさらにハードルが下がることが予想され、職員室は戦々恐々とした雰囲気になってしまいます。ズバ

リとは言いませんが、「ちょっと気まずかったな……」程度の気持ちを持って帰ってもらわなければなりません。今回は運動会のやり直しに関するクレームということで担任は入りませんが、話術については知っておくべきです。話の続きが担任に向かうことも考えられるからです。

ケース 3-3 　対 応 例

保護者　「おい、どうなってるんだ？　運動会をやり直すつもりはないって？　ふざけるな！」

体育主任　「申し訳ありませんが、一度終わってしまった運動会を再度行うのは不可能なのです。ご理解ください」

保護者　「理解しろって？　そんなこと、できるはずがないだろう。だいたい、平日に運動会をやるほうがおかしいんだよ。運動会っていうのは土日に決まってるだろ」

体育主任　「確かに土日に開催できれば良かったのですが、天候ばかりはどうにもならず、月曜日の開催になってしまいました」

保護者　「そういうお知らせはあったみたいだけど、そもそも平日に運動会っていう発想が変なんだよ。それを保護者の同意なく文書にして配り、本当にそうするんだもんな。信じられないよ」

体育主任　「配布した通りの日程にしないと混乱が起きますので、申し訳ないことでしたが月曜日に順延させていただきました」

保護者　「じゃあ、俺の気持ちはどうなるのよ？　これって、いってみれば人権問題でしょ」

体育主任　「残念に思うお気持ちはお察しいたします。そこまで熱心に参観されたかったというお気持ちもありがたいです。ただ、**子どもたちは**月曜日開催で良かったと言っていました。月曜日に順延したことが良かったというより、翌週の土曜日に順延された場合、モチベーションが下がると言っていたのです。翌週までの間に行われる授業に集中できないのも困ると言っていました」

保護者　「なかには、次の土曜日に順延したほうが良いって子もいたんじゃないの。うちの子もそうだったよ」

体育主任　「確かにそうかもしれません。ただ、この日程は運動会実行委員の**子どもたち**にも確認し、同意のうえで進めたものです。**あの子たち**との確認を反故にするわけにはいきませんでした」

保護者　「その実行委員会で決めたことっていうのが、子ども全員の意思になってしまうのか？」

体育主任　「はい。実行委員の子たちは、4年生以上のクラスから選ばれた子たちです。学級代表が集まって決めているので、**子どもたちみんな**の総意と考えても良いと思います」

保護者　「じゃあ、3年生以下は無視か？」

体育主任　「低学年ですと、そこまでの話を理解できる子は限られるでしょう。そこで、4年生以上としたのです。4年生以上の大半の子どもたちがそれで良いと言っているので、**全校児童**の総意ととらえて良いのではないかと思っています」

保護者　「それって、先生の言いなりで決めたんじゃないの？」

校長　「**子どもたち**のために言いますが、決してそんなことはありません。ダメなものはダメと反論する力を持った**子どもたち**です」

話術のキーポイント

　聞いていると気づかないと思いますが、書いてみると「子どもたち」に関する言葉が多く出てくることがわかります。繰り返すことで、保護者もやがて「子ども全員」という言葉を使うようになりました。子どものことを無視して勝手に話を進める、常識はずれの大人というレッテルを貼られたくないからです。相手が「子どもたち」という言葉を使えば、みんなの総意はどこにあるかという議論に持っていくことができます。

第3章　ナルシスティック型クレーマーに対する話術

3 用意周到な相手への話術

話術⑯ 面談までの時間を確保する

　ナルシスティック型クレーマーは、インターネットで法律の知識まで手に入れ、用意周到に準備してから学校に連絡してきます。教員が、「そこをご理解ください」と低姿勢で共感を求めても、「法的には、先生のおっしゃることは的はずれです」くらいの台詞を浴びせ、教員をたじろがせます。準備万端の彼らといきなりクレームを受けた教員とでは、ハンディの差が大きすぎます。電話やその日の面談では準備ができないので、「明日以降で面談できないでしょうか？」と仕切り直しを提案するのが賢明です。

ケース 3-4 「うちの子はいじめをしていない」

　Ｆさんは、自分の言うことを聞く仲間を引き連れて、歯向かう相手を仲間はずれにしようと画策するタイプ。あるときＧさんがターゲットになり、とうとう学校に来られない事態になってしまった。Ｇさんだけでなく、Ｆさんを取り巻くＨさん、Ｉさん、Ｊさんにも事情を聞いたところ、Ｆさんが中心になって計画を立てたと判明。Ｆさんに突きつけると、すべて事実だと認め、残りは保護者に連絡するだけとなった。

　一方、Ｆさんの母親は子どもたちへの聞き取り過程でこうなることを予測していたのだろう。いじめであるとの連絡に対して、「いじめ防止対策推進法によると、いじめは児童が他の児童に対して心理的ま

たは物理的な影響を与え、対象となった児童に心身の苦痛を感じさせる行為であるので、具体的な影響の中身について誰がどう関わったのかという観点から提示してほしい」と言い出した。学校がいじめだと判断しても、Fさんの母親としては到底受け入れられないということだった。

「どうしてもと言うなら今すぐ行きますよ」とのことだったが、学校としてはまだ準備ができておらず、学校事情を理由に、なんとか翌日の面談ということで落ち着かせた。

対応のポイント

知的水準が高く、間違ったことでも弁舌巧みに正論であるかのように見せる力がある彼らには、学校側もそれ相応の準備が必要です。なにも用意せず無防備なままで面談すれば、「そもそも、先生はいじめ防止対策推進法をご存知なんですか？」と簡単にあしらわれてしまいます。彼らが質問したり突いてきたりする箇所をいくつも予想し、事前に想定問答をするべきです。また、弁舌鮮やかな彼らに対応する職員として、こちらも負けないだけの陣を敷く必要があります。いじめは学校として認知する問題なので、なにも担任が話す必要はなく、児童指導主任や管理職が対応するのが良いでしょう。訴えの内容に精通した担当者を前面に出すべきです。

① 意識すべきポイント

時間の猶予を得たら、まずは関係者を全員集め、保護者のタイプを共有します。その保護者の癖や性質を分析したうえで、なににこだわったクレームになるのか予想するのです。できれば、1つだけでなく、複数のケースを想定して準備すると良いでしょう。法律や条例などを持ち出してくることが考えられる場合は、インターネットで調べるだけでなく、ス

クールロイヤーなどに相談したいものです。
- 断定できない場合は、「あとで回答します」「検討させてください」という旨を伝え、即答して墓穴を掘らないようにする。
- 両親でやってきた場合、どちらに向けて話すのが効果的なのか、伝えるべき相手をその場で選定する。
- 複数人で代わるがわる話すと、伝える内容に齟齬が生じるため、中心となって話す職員を決めておく。

② 避けるべきポイント

- 曖昧な発言は厳に慎む。
- 担任が1人で電話対応し、判断を迫られるような環境は作らないようにする。電話口に児童指導主任や管理職を待機させておく。
- 決して1人で面談しない。

話術の展開 準備万端で相手を迎える

相手は論理に自信のある手強い保護者。学校としては担任が同席するものの、議論の中心は児童指導主任や管理職にします。担任がうまく話をま

とめたとしても、それなりの遺恨を残すものです。そうであれば、担任以外の職員が話を進めるべきです。できれば、担任は同席するだけで、口を挟むにしても、「Ｆさんはこういう良いところがあるのです」というように、美味しいところを持っていくべきです。そうしないと、担任は１年間という長丁場を乗り切るのは難しくなります。事例対応という点ではなく、その子どもとの関わりという線で見ていきましょう。

ケース 3-4　対応例

保護者　「うちの子がいじめに関わったということですが、そんな事実はないでしょう。確かに、不登校になったＧさんはかわいそうだけど、本当の理由は他にあるんじゃないですか」

児童指導主任　「Ｇさんや他の子にも聞いたところ、Ｆさんによる嫌がらせで傷ついたということでした。調べた結果、他の理由は見当たらず、いじめとして扱わなければならない事案なのです」

保護者　「先生。いじめ防止対策推進法では、学校が講ずべき措置として、まずいじめの事実確認があげられているはずです。先ほどから聞いていると、数人の児童からしか聞いていないようですが、それで事実確認は十分だと思われているのですか。みんなで口裏を合わせ、うちの子のせいにしている可能性が十分あります」

児童指導主任　「いじめの事実確認については、こうすべきという細かい規定はありません。事例も千差万別であることから、**運用の仕方については各学校に任されている**のです。本校としては、該当する子たちからだけで十分だと判断しました」

保護者　「いじめについては、心身の苦痛を感じていることを条件にしていますよね。Ｇさんは実際、いじめにあったと思うんです。ただ、うちの子もいじめの首謀者に仕立てられ、同様に心の痛みを感じています。これも数によるいじめに該当するのではないですか」

児童指導主任　「（資料を提示しながら）Ｆさんはこれだけの行為で中

心的な役割を果たしました。本人も認めていますし、周りの子たちからも訴えがいくつも来ています。それなのに、本件はいじめではなく、Ｆさんも被害者だとする帰結は無理があると思います」

保護者　「それは先生個人の考えですよね」

児童指導主任　「いじめ防止対策推進法のなかで、**学校はいじめの防止等の対策のための組織を置くものとする**ことが定められています。本校でも、**いじめ防止対策委員会を開き、**参加した教職員と合議のうえで決定したのです」

校長　「最終的にいじめだという判断を下したのは私です。これだけの材料がありながら、それでもいじめでないとしてしまうと、大きな問題となってしまいます」

保護者　「中途半端な資料で、しかも誰だかわからないような先生方が参加した会議で、うちの子を血祭りにあげたというわけですか」

児童指導主任　「事実に基づいて、いじめだという認定をしたのです。どのように事実確認をするかというのは学校に任されていますので、そちらを信じていただけたらと思います。また、本件について、**教育委員会にも相談した**ところ、特に対応に問題はないということでした」

保護者　「でも、うちの子だけに指導するんですよね」

児童指導主任　「いいえ。いじめへの関わり方に応じて、一人ひとり指導していきたいと思っています。大切なのは、ＦさんやＧさんを含め、みんなが楽しい学校生活を送れるようにすることです。そのための契機としたいのです」

担任　「Ｆさんは今、球技大会の実行委員としてとても良くがんばっています。私には、今回の反省を生かしてみんなを盛り上げようという気持ちがひしひしと伝わってきています」

話術のキーポイント

　ナルシスティック型クレーマーのなかには、「教員には大した知識はないだろう」と高をくくってやってくる人も少なくありません。再発防止の意味でも、時間をかけて調べ、話す内容を精査することで、「ただ責めるだけでは難しい相手だ」と知らしめる必要があります。そのためにも一定程度準備する時間が必要となってくるのです。真摯に対応すればわかってもらえると思うのは危険です。

話術 ⑰ 論理性を重視する

　子どもに対して性善説で物事を考える必要がある教員は、同じように大人に対しても、「話せばきっとわかってもらえる」と盲目的に信じている傾向があります。人を信じるのは悪いことではありませんが、ナルシスティック型クレーマーは共感性が欠如している、または乏しいという性質があります。感情に訴えるのは、自分の優位性を誇示したい彼らの思うつぼ。そうであるとすれば、感情を抑えてでも論理的になる必要があります。彼らは自分が賢いと感じているので、自身の論理性が破綻することを嫌がります。あとは論理の戦いになりますが、最後は教育についての知識や経験が多い教員のほうに分があるでしょう。

ケース 3-5 「給食で"いただきます"はナンセンス」

　Kさんの母親は、なにかにつけて学校に難癖をつけてくることで有名。それは新学期が始まって2週間が経過した頃に行われた学級懇談会でのこと。最後になにか質問がないか聞いてみたところ、「私たちはきちんと給食費を払っているのに、先生に"いただきます"と言うのを強制されるのはおかしい」という耳を疑うような言葉が飛び出してきた。周りを見渡すと、何人かの保護者がつられたように頷いてい

る。Kさんの母親は、事前に気心の知れた保護者に話をし、了解を取りつけてきている様子だった。彼女たちからの援護射撃がなく助かったが、和気あいあいとした雰囲気で終わるはずだった懇談会の空気は一変。担任もうまく答えることができず、「検討させていただきます」と回答するのが精いっぱい。

あとで教頭からKさんの母親に電話し、なんとか説得することはできたものの、担任のモチベーションは大きく低下。次にまた同様のクレームがあったらどうしようかと悩むと共に、懇談会の場できちんと対応できなかった自分を嫌悪し続ける日々になっていった。保護者の多くがKさんの母親に同調することはなかったものの、自信を喪失することになった。

対応のポイント

今回、担任が自己嫌悪に陥っているのは、保護者の前で論理的な説明ができなかったからです。ただ、いくら「論理的に」とはいっても、その場で具現化させるのは難しいもの。ましてや、突然給食の挨拶の仕方にクレームが入るなどとは思ってもいません。突発的な事態に対応できるようにするため、今回のケースでは次の点に気をつけられれば良かったと思います。

① 意識すべきポイント

論理性を身につけるためには、普段から論理的に物事を考えたり、物事の仕組みを探究的に見たりする訓練が不可欠です。そうすることで、どこに着眼すれば相手の言い分に的確に答えられるのか、次第にわかってきます。普段の相手の態度から言い方を考えることもありますが、まずは少ない台詞のなかから読み取れる情報に着目しましょう。ナルシスティック型

クレーマーの場合、言ってしまった以上、その責任から逃れようとはしません。Kさんの母親の発言を受けて、考えられる今回のポイントは次の3つです。

- 給食費を払っていることと、食べるときに「いただきます」という挨拶をする是非は別のものだと理解してもらう。
- なぜ全校児童が「いただきます」と言ってから食事を始めるのか、その理由を明らかにする。
- 決して「いただきます」と言うことを強制しているわけではなく、それが心の負担になるのであれば言わない選択肢もあることを伝える。

② 避けるべきポイント

- 「いただきます」は単なる号令だとする帰結を避ける。そうなってしまうと、「レッツゴー」でもなんでも良くなってしまう。
- 一言でも「今までずっとやってきた慣習なのです」というような非論理的な回答は避ける。
- クラスや子どものことまで話を広げない。給食の挨拶のみで話を進めるようにする。

話術の展開　論理性を意識し一点突破をはかる

　彼らは自分が優れていると思っている、または思いたいため、論理から大きく逸脱することを恥ずかしいと感じる傾向にあります。自らの主張を正当化するため、屁理屈に近い内容まで述べてくる可能性もありますが、担任は「なぜ"いただきます"という挨拶があるのか」という一点だけに焦点をあて、他の話題や関係のない議論が入り込む隙を与えないことが大切です。懇談会では、次のように言えると良かったでしょう。感情的にならず、あくまでも淡々と受け答えをすることが大前提です。

| ケース 3-5 | 対応例 |

保護者　「私たちはきちんと給食費を払っているのに、先生に"いただきます"と言うのを強制されるのはおかしいんじゃありませんか」

担任　「まず、給食費の納入と挨拶との関係についてお答えいたします。給食費は、材料代や調理代に充てられています。給食費がないと給食が成り立ちません。挨拶とは別に給食費が存在しているのです」

保護者　「でも、払っているのは私たちなので、食べるときにどんな挨拶をするのかは私たちにも決める権利はありますよね」

担任　「給食費を支払っていることと、学校教育として食事の礼儀を共有していることは別だと思います」

保護者　「"いただきます"と言わせるのが礼儀なんですか？　それって、学校の勝手な解釈ではありませんか？」

担任　「授業のはじめに号令をかけるのと同じように、給食の開始に全員で声を合わせたほうが食べやすいという面もあります。"いただきます"という言葉よりさらに適切だというものがあれば、ご意見をうかがわせていただきます」

保護者　「私は"いただきます"が不適切だと言っているんです」

担任　「私たち人間は、動物や植物の命をいただかないと生きてはいけません。他の生き物の命を口にし、初めて生きていける存在なのです。そうした命をいただいていることを毎日確認し、食べられることに感謝することが**教育的に問題だとは思えない**のです」

保護者　「でも、それって宗教行事みたいではありませんか？」

担任　「決して、そんなことはありません。また、我々教員は、教育基本法によって**特定の宗教のための宗教教育を禁止されています。**日本の多くの学校で"いただきます"が宗教教育だと指摘された例は今まで一度もありません」

保護者　「でも、強制しているではありませんか」

担任 「例えば、音楽の時間に歌うことはやや強制します。学習指導要領に定められた学習活動だからです。でも、"いただきます"と言うように強制したことは一度もありません」

保護者 「でも、そういう先生がいるって聞きましたよ」

担任 「そこはわかりません。ただ、私は強制したことはなく、注意したこともありません」

保護者 「では、どうしても続けていくおつもりなんですね」

担任 「どうしても、というわけではありません。**食育の観点から、**もっと良い言葉があれば教えていただきたいと思っています。学校全体で共有もしたいと思います。それまでは今の形でいきたいと思います。なにか合図がないと食べにくいのも事実ですから……」

保護者 「それが先生のお考えなんですね」

担任 「私というより、どの担任に聞いても同じような回答だと思います。ただ、このような意見があったということは、管理職に伝えるようにはいたします」

話術のキーポイント

　Kさんの母親が本当にこだわっているのは、給食の挨拶ではありません。この話題で攻撃すれば担任は困り、自分の優位性を誇示できると思ったからです。はっきりいってテーマはなんでも良いのです。そこを淡々と論理的に説明していくことが求められます。ただ、教員から逆襲するのは禁じ手です。余計な恨みを買い、次のクレームに向けて周到な準備をする引き金になってしまうからです。言われたことや質問に淡々と回答し、こちらからは余計なことを言わないようにするのが一つの戦略なのです。

話術 ⓲ 聞くだけ聞いて矛盾点を探る

　ナルシスティック型クレーマーは、なにしろ饒舌です。自らの存在意義を確かめる意味でも、言葉を選びながらではありますが、どんどん話してきます。彼らは「100」言いたいことを準備してきたら、100すべてを言わなければ気が済みません。せっかく準備したものはすべて発揮したいと考えるからです。ここでは、その性質を逆手にとるのです。彼らは話が長い分、いつか綻びが出ます。そして、教員は最後にその矛盾点を突くのです。矛盾がみられた段階で、彼らの勢いは失速するでしょう。ただ、一気に形勢逆転をねらうのではなく、そこから引き分けに持ち込むのが得策です。

ケース 3-6 「学芸会の台詞が不適切だ」

　小学4年生の学芸会で、"ごんぎつね"の劇をするグループがあった。Lさんは主役・兵十の友達である加助役。さて、本番が1週間後に迫ったある日、Lさんの父親から電話が入った。
「加助の台詞にある "さっきの話は、きっと、そりゃあ、神さまのしわざだぞ" という部分が問題です。教科書にはそう書いてあるものの、宗教的な言葉を子どもに言わせるのはどうなんでしょう？　なんとか変更できませんか？」という予想もしていなかったクレーム。本当のところ、その台詞が気に入らないというより、我が子が主役でなかったことを根に持ち、関係のないところで責めてきたのは明らかだった。だが、担任としてそう言うこともできない。「公演まで時間がなく、なんとか理解してほしい」と説得を試みたものの、承知する様子はない。挙げ句の果てには、我が子のために台詞を変え、しかももう少し長くするようにという身勝手な要求。そんなことを子どもたちが納得するはずはなく、承知することなどできない。対して、Lさんの父親も譲歩する様子はない。早急に解決する必要があるため、急遽その日の放課後に学校まで来てもらい、面談することになった。

対応のポイント

　Lさんの父親の言い分は、完全にイチャモンです。我が子が主役になれなかった腹いせで、台詞の是非という反論が難しい巧妙な材料で責めてきたのです。我が子が活躍できないために落ち込んでいた気持ちを、教員を攻撃することで晴らそうとしているのは明白。だからこそ、話したくてうずうずしているといっても過言ではありません。話したいだけ話をさせ、そのなかで矛盾点を探っていくのが賢明です。長くなればなるほど、綻びが出てくるでしょう。

① 意識すべきポイント

　途中で回答したり、話を遮ったりすると、相手の思うつぼ。教員の言葉尻をとらえ、また新たな火種を提供することになりかねません。ここはじっくりと相手に言わせるだけ言わせ、最後の最後に提言するという形が良いでしょう。相手の話が続くようにするため、こちらには次のような注意が必要です。

- 教員はただ黙っているだけではダメ。相手の話が続くように、誘導的な相槌が必要になってくる。ここでは、相手の言葉を意識して繰り返すバックトラッキングという手法も有効である。自分の話が受け入れられていると感じさせると共に、自然に話を継続させる効果も期待できる。
- 教員が下を向いたり、暗い顔をしたりすると、保護者は否定的にとらえられているのではないかと疑心暗鬼になるので、不本意ではあっても明るく受け止めているように見せる。

② 避けるべきポイント

- 相手の言い分を否定するのは避けたいところ。身勝手な言い分に閉口しそうになるところだが、ここでは相手に思いの丈を吐き出させるのがねらいである。

● 矛盾点を指摘する場合、相手を責めるような言い方は避けたい。「お父さまもここは困っているのですね」というように、相手に寄り添う姿勢を見せながら反論するのが得策である。

話術の展開 ── 相手に言わせるだけ言わせてボロを出させる

相手に言わせるだけ言わせてボロを出させる、というと、なにか卑怯な手を使うような響きですが、そうやって戦略的に対応しなければクレーマーに向き合うのは難しいでしょう。なにしろ相手はクレーマー。教員の苦悩に共感してくれるような、普通の感覚を持った相手ではありません。無防備に対峙するのでは、まず教員が傷つくのは明白です。相手のタイプを知ったうえで戦略を立て、的確な対応が求められます。同じナルシスティック型クレーマーでも、いろいろなタイプが存在するのです。

ケース 3-6 | 対応例

保護者「先ほども言いましたが、加助の"さっきの話は、きっと、そりゃあ、神さまのしわざだぞ"という台詞は不適切ではないでしょうか。神さまという宗教的な言葉を使うことに、強い違和感を覚えます」

担任「Lさんのことを考えたとき、**違和感を覚えたのですね**」

保護者「だって、そうじゃないですか。学校では宗教教育はしてはいけないのに、神さまという言葉を使うのって変でしょ。ただ、教科書ではそう書かれてしまっているので、なんとか変更することはできないかと言っているんです」

担任「台詞の変更を**ご希望なのですね**」

保護者「まず、その部分です。先生だって、宗教的な言葉を子どもが言うことに拒否感を持つはずです」

担任「今、"まず"とおっしゃいましたが、**他にもなにかご懸念があ**

りますか？」

保護者 「懸念というほどのことではないですが、気になったのは一人ひとりの台詞の量です。どうしても主役の兵十やごんは台詞が多く長くなり、うちの子みたいに脇役担当は短い台詞になっています。それって、教育機会の平等を奪っているのではないでしょうか」

担任 「台詞の回数や長さも気になるわけですね」

保護者 「だって、子どもたちみんなに平等なほうが良いでしょう。不平等であれば、あとでやっかんだり他の保護者から不満が出たりする恐れもあるでしょう。私はうちの子だけでなく、みんなのことも考えて、配慮したほうが良いと言っているのです」

担任 「おっしゃる通り、配慮は教育上必要な要素です」

保護者 「そうですよね。ですから、台詞全体の見直しを要求します。本番1週間前ですべては無理だと思いますが、主役の台詞は少し削り、その他の子の台詞をもっと増やすのです」

担任 「台詞の一部書き換えをお望みなのですね」

保護者 「それが教育的配慮というものではありませんか。先生だって、子ども一人ひとり、とても大切な存在のはずです。全員に達成感を味わわせたいとは思いませんか？」

担任 「強くそう思います。教育活動を行ううえで、達成感は大切な要素です。ただ、1週間前では混乱が予想されます」

保護者 「そこは先生の力量次第ではありませんか。急いで台詞の増減を行い、明日から訂正した台本を渡せば間に合うもの。そのような配慮をするということでどうでしょう？」

担任 「今回劇を考えるにあたって子どもたち全員と確認したのは、作者の意図を忠実に再現することです。台詞を直すとしたら、新美南吉以外にその役を果たすことは不適切でしょう。それから、お父さまの当初のお話では、"神さま"という言葉が引っかかるということでした。その部分限定であれば対応はできますが、残りの要求はお受け

第3章 ナルシスティック型クレーマーに対する話術

できないものです」

保護者　「……」

担任　「では、"神さま"の部分だけは、Lさん本人と話をして決定することにいたします」

話術のキーポイント

　ここでのポイントは、バックトラッキングを駆使することで、相手を饒舌にさせている点です。こちら側がもっと詳しくふれてほしいことを語らせて、教員側のペースにしているのも特徴です。相手は自分のペースで話が進んでいると錯覚し、矛盾点を導出しやすくなります。いきなり反論するより、じっくりと手立てを考えながら対応できるという利点を持った戦略です。

4 絶対的な答えが存在しない 問いへの話術

話術 ⑲ 主訴の内容を整理して可能なものを選択する

　保護者が訴えてくる内容のなかには、絶対的な答えが存在せず、だからこそ、そこを突いてくるというものもあります。例えば、「給食着なんて必要ないだろう！」というクレーム。子どもにエプロンを付けさせても問題はないと迫ってきたとします。確かに、エプロンにしたからといって、衛生面で問題があるわけではありません。したがって、学校としては強くエプロンの禁止を訴えるのは難しくなります。だからといって、エプロンを許可することは憚られるでしょう。このように、絶対的な答えが存在しないような問いというのは、学校内にいくつも存在します。学校としては、関わった職員が窮地に陥りやすい題材だといっても過言ではないでしょう。

ケース 3-7 「水筒の中身を自由にしろ！」

　この学校では水分を適宜補給できるようにする対策として、水筒の持参を許可している。ただ、中身については水やお茶類のみという規定がある。中身のルールについて、Mさんの母親がクレームをつけてきた。「なぜ学校が水筒の中身まで決めるのか、理解に苦しむ。別にジュースでもいいのではないか。例えば、オレンジジュースにはクエン酸が含まれているので、疲労回復が期待される。学校はそんなこともわからないのか？」

　確かに、指摘通りの部分はある。ただ、果汁を摂取しすぎると糖分

第3章 ナルシスティック型クレーマーに対する話術

過多になる懸念があるのも事実だ。学校としては、そう回答したものの、「それを決めるのは学校ではなく、家庭の権限。あれこれ学校に指図されたくない」と言い出す始末。学校内のルールは学校が決めるべきものだが、保護者はいくら説明しても納得しない。水筒持参を許可したのだから、中身は家庭に任せるべきという論理である。担任がいくら説明しても解決することはなく、後日学校内のルールを管轄する児童指導主任が話をすることになった。

対応のポイント

　母親の言い分が完全に間違っているわけではありません。クエン酸が疲労回復を助けることは周知の事実です。また、学校の言い分も筋が通っています。ジュースを飲みすぎると、糖分過多になるだけでなく、成分によっては健康被害を引き起こす可能性も否定できません。短期間の摂取なら問題がなくても、長期間となると話は別です。学校の管理下で、そのようなリスクをわかっていながら許可することはなかなかできないことです。結論としては、どちらも間違ってはいません。今回の問題には、絶対的な答えは存在しないのです。だからこそ、学校は対応に苦慮することになるでしょう。

① 意識すべきポイント

　Mさんの母親がすべて間違ってはいない以上、「それは違います」とは言えません。学校の判断も、「正解はこれしかありません」とも言えません。相反する意見がどちらも不正解ではない場合、許可することが可能な部分まで譲歩するのも一つの方法です。すべてを受け入れるのではなく、論点を整理したうえで、歩み寄れる部分を探すのです。
- はじめから「受け入れられない」という姿勢ではなく、なにが受け入れ

られ、なにが受け入れられないのか、理由も含めて論点を整理して説明する。

- 担任が1人で決められる内容ではない問題は、いったん持ち帰り、必ず担当や管理職と相談してから回答するようにする。
- 譲歩する場合、学校の都合ではなく、それが一般的に見て妥当であるという内容を提言する。

② 避けるべきポイント

- 学校が社会常識から逸脱している可能性もあるため、最初から拒否ありきの姿勢をとらない。融通が利かない時代遅れの教育機関だと誤解される。
- 担任が対応した場合、「わからない」という回答は無責任である。ひとりの教員として知っていること、判断できることは伝えるべきである。そうしないと、今回のリスクは回避できても、次になにかあったときの対応が困難になる。

話術の展開　整理してから係につなぐ意識を持つ

　クレームの多くははじめに担任に届くもの。別の担当者に回したとしても、初動対応が今後の評価に関わってきます。「担任はしどろもどろだった」などとなれば、保護者の刃が再び担任に向かう可能性もあるのです。決断はできなくても、相手の話を整理し、課題を明確にすることはできます。その課題部分を担当者に相談するとなれば、担任に対して一目置くはずです。こうした普段からの積み重ねが、結局はナルシスティック型クレーマーを減らしていく方法となるのです。

ケース 3-7 　対 応 例

保護者 「電話でも言いましたが、別にジュースでも良いのではないですか。例えば、オレンジジュースにはクエン酸が含まれているので、疲労回復が期待されます。水やお茶と規定する根拠が曖昧なのに、決まりとしていることに違和感を覚えます」

児童指導主任 「おっしゃることはよくわかります。クエン酸の効果は一般的にも知られているところです」

保護者 「じゃあ、許可してくれても良いんじゃありませんか？」

児童指導主任 「ただ、果汁を摂取しすぎることで、糖分を摂りすぎてしまうという懸念もあるようです。肥満の原因としてあげられることも多くあります。それは清涼飲料水でも同じことでしょう。子どもたちが飲む量をコントロールできない可能性もあり、最初から持ってこないという判断になっているようです」

保護者 「それって、我が子を管理できない家庭でのことですよね。きちんと管理できる家庭には、許可しても良いんじゃないですか」

児童指導主任 「きちんと管理できていれば問題ありません。ただ、なかには飲みたいからといって勝手に水筒に入れてしまう子もいるでしょう。全員に許可した場合、そうした問題も起きます。**機会の平等を考えたとき、**一部の子どもだけに許可することは不適切であり、それが全体としても許可できない理由になっています」

保護者 「どうして、私たちができない家庭に合わせなければならないんですか？」

児童指導主任 「チャンスは平等にする必要があります。できる家庭だけ認めるとなってしまうと、授業の内容をわかっている子どもは授業中に塾の宿題をやっても良いという論理につながります。至るところでそうした事態が起これば、**集団生活は立ち行かなくなってしまいます**」

保護者 「では、先生はジュースの持参に反対なんですね」

児童指導主任 「学校としては、現在了としていないことですが、お話をうかがって意味や効果も理解できます。決して、間違ったお話ではありません。どうでしょう。私のほうで一度預かりまして、栄養士や保健主任の判断を待って再度お知らせいたします」

保護者 「でも、どうせダメなんですよね」

児童指導主任 「それはわかりません。おっしゃる効果は事実なので、報告する必要はあると思っています」

保護者 「では、検討していただけるということなのですね」

児童指導主任 「検討した結果を再度お知らせいたします。ただ、飲み物については、児童指導だけでなく、健康やアレルギー面の安全など、いくつか判断しなければならない側面があります。水やお茶類だけでは不適切だという根拠もなく、ジュースの是非とあわせてしっかりと考える必要があるでしょう」

話術のキーポイント

なにも考えずに「では、管理職に相談してから連絡します」という対応もあるでしょうが、それではただの伝言役です。こちらの言い分も伝えたうえで保護者の主訴を整理し、それから担当や管理職に伝えるべきでしょう。なぜなら、その段階でどのようなゴールを選択するべきかという結論が、ある程度見えているからです。後日、どのような回答が来たとしても、保護者も受け入れる準備ができているはずです。ナルシスティック型クレーマーの場合、担任が揚げ足を取られるような初期対応をしなければ、再度係や担当から連絡を入れても、ことがスムーズに運ぶはずです。

話術 ⑳ ときに弁証法的な帰結にする

弁証法とは、ある命題（テーゼ）と対立関係にある命題（アンチテーゼ）を統合し、より高い次元の命題（ジンテーゼ）を導き出す思考法を指します。例えば、子どもが教室で過ごすことを求めるテーゼがあったとします。他方、教室では運動量を確保できず、体力が低下するというアンチテーゼが存在します。このとき、ジンテーゼは、教室でも運動量を確保できるような遊びを考えようということになります。このような思考法を保護者対応にも活用しようというものです。絶対的な答えが存在しないとき、ナルシスティック型クレーマーは教員の提案に納得しない場合があります。保護者のテーゼを取り込むことで、より発展的で納得できる解にしていくのです。

ケース 3-8 「子どもが寝坊したとき車で送れるように駐車場を確保しろ」

Ｎさんはよく遅刻をする子ども。Ｎさんの両親は寝坊することが多く、父親はＮさんが遅刻しそうになると毎回車で送っている。学校の周辺には安全に車を停めておけるスペースがないため、徒歩での送迎をお願いすると、「車で送れるように、学校内に駐車場を確保しろ！」という理不尽なクレームを言ってきた。

学校としては、到底許可することはできない。そもそも、保護者用の駐車場を確保するスペースなど存在しない。しかし、Ｎさんの父親は、「子どもを守るのが学校の務めでしょ」と一歩も引き下がらない。しまいには、「担任では埒が明かないから、校長を出せ！」と凄んできた。校長が出たからといってすんなり解決するとも思えず、第一段階として児童指導主任が対応することになった。

対応のポイント

瞬発的に弁証法的な帰結にするのは、とても難しいことです。保護者の圧力を受けるだけでも相当なのに、緊張感のなかで新たな解決策を生み出すのは至難の業。それでも、教員の都合で考えるのではなく、「子どものためになにが最適なのか」を優先させることで、自然と解が見えてくることでしょう。日々の経験から、教員は子どものためにプランを生み出すことに慣れています。子どもの姿をイメージしてみると、案外的を射た解決策を生み出せるのではないでしょうか。

① 意識すべきポイント

父親がものすごい剣幕で「駐車場を確保しろ！」などと言ってきたら、怯んでしまうでしょう。それでも、相手の勢いではなく、言っている内容に耳を澄ませるのです。この学校には空き地がなく、保護者用の駐車場スペースを確保するのが困難なことはわかっています。是とはできません。そうすると、駐車場を確保する以外のプランが必要だと見えてきます。寝坊の理由はそれぞれあるでしょうが、Nさんを遅刻させたくないという父親の願いは間違っていません。寝坊しても授業に遅れないような方策を提示することができれば良いのです。

- 寝坊しても平気で遅刻するのではなく、なんとか時間に間に合うようにしようと意識している点は評価できるという姿勢で臨むようにする。
- ここでの児童指導主任の立場としては、学校としての方針を管理職等と確認し、落としどころを決めたうえで面談する。折衷案として、自転車の送迎であれば時間もかからず駐車場の問題もないことを提案する。

② 避けるべきポイント

- 駐車場という言葉に反応し、「保護者が停めるべきではない」などの前提論に陥らないようにする。

● 基本的生活習慣など、家庭内のことについてはふれない。

> **話術の展開** 必ずジンテーゼに持っていく

「車で送れるように、学校内に駐車場を確保しろ！」というクレームは、ナルシスティック型クレーマーならではのことです。自分本位で物事を考え、学校は自分の欲求に忠実に応えるべきだと真剣に思っています。だから、こんな支離滅裂なことを言えるのです。挙げ句の果てには「子どもを守るのが学校の務めだ」という考えを持ち出し、自身の要求を正当化しているのです。ただ、Ｎさんの父親の様子から、説得を試みるのは難しそうだとなれば、弁証法的な帰結をさせることで理解を求めるしかないでしょう。

ケース 3-8 対応例

保護者 「俺だって、間に合うように支度させているのよ。でも、いかんせん子どもがやることでしょ。日によっては間に合わないこともあるのよ。そんなときは、授業に遅れないように車で送るのもありでしょ。校長さんが尻込みして出てこないから、代わりに先生に言うんだけど、学校内に俺の車を停められるように駐車場を作ってよ。まさか、路上駐車ってわけにはいかないでしょ」

児童指導主任 「教職員も車通勤できないほど、本校の校地は狭いのです。ご希望はわかりますが、駐車場を新設するのは物理的に不可能なのです」

保護者 「なに言ってるのよ。飼育小屋の横が空いているじゃない。あのくらいのスペースがあれば、車２台くらい楽勝でしょ」

児童指導主任 「飼育小屋の横は、理科の観察用に雑草を生やしているのです。車を停めてしまうと、授業に支障が出てしまいます」

保護者 「あそこが無理なのはわかった。じゃあ、給食室の横は？

あそこなら、いつも車は停まってないし、問題ないでしょ」

児童指導主任 「確かに広いスペースはありますが、給食の食材を運び込む業者がトラックを停める場所になっているのです」

保護者 「でも、いつも車が停まっているわけじゃないよね」

児童指導主任 「食材を運び、積み下ろしが終わったら出ていきます。ずっと停めているわけではありません。ただ、給食では多くの食材を使うので、何台もの車が入れ代わり立ち代わり入ってきます。したがって、あそこには駐車をしないようにしているのです」

保護者 「今までの場所では無理ってことはわかったよ。でも、子どもを守るのが学校の務めでしょ。面倒でも授業に間に合うように車で送るんだから、学校のほうで責任持って場所を確保してよ」

児童指導主任 「その場所がないのです」

保護者 「じゃあ、どうすれば良いって言うのよ？」

児童指導主任 「お父さまはNさんが遅刻しないように、早く行ける車で対応したいと考えています。学校内にそのスペースがあれば良いのですが、現実的には見つかりません。そこで、どうでしょう。**お父さまは車ではなく、自転車で送るのです。**自転車であれば校地内に駐輪スペースがあり、送る時間もさほどかかりません」

保護者 「じゃあ、雨が降ったら？」

児童指導主任 「雨天でも自転車でお願いいたします。カッパなどの着用は面倒でしょうが、それでも徒歩よりは時間を短縮できます。Nさんのためにもそれが良いでしょう」

保護者 「……」

児童指導主任 「自転車で来校することがあるという旨は、担任や管理職にも伝えておきます。問題ないと思います」

話術のキーポイント

　自転車での送迎は保護者の要望とは異なります。ただ、保護者の表向きの主訴は子どもが遅刻しないことです。そうだとすれば、この解決策を保護者が拒否するのは難しいでしょう。なぜなら、ナルシスティック型クレーマーは体裁を気にするからです。自転車での送迎を拒否するようでは、ただのわからず屋となってしまいます。彼らはそこを避けたいと思っているはず。プライドが高い彼らの心理を利用することも覚える必要があるでしょう。

　今回は児童指導主任が回答するという設定にしましたが、担任が回答を求められるケースもあるでしょう。似たようなことを言えるようトレーニングすることも必要です。

話術 21　今回限定だというニュアンスで他の解決案を出す

　ナルシスティック型クレーマーはプライドが高く、自分の考えは絶対だと信じてやまないので、教員がいくら新たな提案をしても、「それは先生の個人的なお考えであって、今回のケースには該当しないでしょう」という受け取り方で対応してきます。基本的に、自分の主張を通すという気持ちでやってくるのです。したがって、彼らの言い分を頭ごなしに否定する

のではなく、「ご指摘はその通りです。ただ、今回に限ってはこうしませんか？」というように、相手のプライドをしっかりと保ったうえで解決策を提案する方法が良いでしょう。

ケース 3-9　「教科書を盗まれたのに担任が捜してくれない」

　Oさんは身の回りの整理整頓ができないタイプ。母親はそうした事実を知っていながら、子どもの言い分を鵜呑みにする傾向がある。ある日、Oさんが教科書をなくしたと言うので、担任もよく捜してはみたが、すぐに見つからなかった。もう一度家の中を捜すように指示すると、「もしかしたらうちの子の教科書は盗まれたかもしれないのに、先生はよく捜してもくれませんでした。挙げ句の果てには、家庭の責任にしています」と、普通の対応をしているのに、担任としては思いがけないクレームの電話が入った。解決方法として、「全員の持ち物検査をさせるべきだと思います」とのこと。クラスの子どもたちには持ち物を確認するように伝えたが、「盗んだ子が、自分からありましたとは言わないですよね」と担任の配慮に歩み寄る姿勢を見せない。

　担任から見たところ、Oさんの教科書を盗むような子はクラスにおらず、彼自身がどこかに置きっぱなしにしている可能性が高い。それでも、「そもそも、先生はうちの子を色眼鏡で見ているのではありませんか？」などと、まるで担任の姿勢に原因があるかのように畳みかけてくる。電話では意思疎通が十分に図れないと考え、対面で話をする提案をした。

対応のポイント

　ナルシスティック型クレーマーは、「それって、先生の姿勢に原因があるのではないですか？」というように、いかにも回答が難しい観点から責

めてくることがあります。教員になるような人は真面目なタイプが多く、「確かに、自分の落ち度ともいえるのかもしれない……」と、ついつい自虐的に物事をとらえがちです。彼らは教員としての姿勢に話し合いが進んだとき、自分たちに利があることを知っています。議論の中心があるべき教員像といった解決不能な内容に移った場合、本題に戻すだけでなく、相手のプライドを損ねない範囲での代替案を限定的に出す必要があるでしょう。

① **意識すべきポイント**

　ここでは「今回限定」というメッセージが必要になってきます。いろいろ検討したうえで、相手のために「ここまで考えた」というアピールができるからです。自分が優位に立ちたい彼らにとって、寄り添っているという姿勢はプラスです。教員の厚意に対して譲歩しないのは格好悪いという心理がはたらくからです。彼らは自分が崇め奉られてさえいれば、概ね機嫌を損ねることはないと考えて良いでしょう。

- 他の解決案を保護者が受け入れられるように、はじめに彼らが言い出したプランを肯定しつつ、デメリットも説いたうえで、今回に限った措置だというアピールをしていく。
- 「今回に限ってこうしませんか？」と提案する際、それが子どもにとってベターだという根拠を必ず付け加える。

② **避けるべきポイント**

- 他の解決案について、保護者が当初提案したものとすべてがガラッと変わっていることがないようにする。
- 彼らのプライドを下手に傷つけないようにするため、今回限定というメッセージをあまり早く出さないようにする。相手の考えを実現するために必要な解決策だとアピールする。

話術の展開 — 譲歩はしても言いなりにはならない

　保護者に伝えるメッセージとしては、「確かに、おっしゃる通りではありますが、お子さんのことを考えて今回に限ってはこうしませんか？」という方向で進められると良いと思います。そうしないと、「私の気持ちを踏みにじった」となりかねないからです。彼らのプライドを保ちつつ、学校が許容できる範囲内に収めるというのがここでの戦略です。譲歩する姿勢を見せつつ、決して相手の土俵には乗らないというのが、今後のことを考えても得策でしょう。

ケース 3-9 　対応例

保護者 「先ほど電話でもお伝えしましたが、教科書という大切なものがなくなった以上、全員の持ち物検査をするべきだと思います」

担任 「子どもたちには、間違って自分のランドセルやロッカーに〇さんの教科書が入っていないか見るように伝えました。結果的には出てきませんでしたが、一つの確認にはなったと思います」

保護者 「先生、なに甘いこと言っているんですか？　自分で盗んでおきながら、見つかったとは言わないでしょ。みんなに調べさせることで、かえって誤魔化す隙を与えてしまったんじゃないですか」

担任 「ただ、持ち物検査をするということは、この学校の方針として認められていないのです。検査を強行したとして、なにも出てこなかった場合、非難する声が出るのは必至です。そのとき、非難の矛先が〇さんにいくことを恐れているのです」

保護者 「先生が恐れているのは、ご自分が非難されることなんじゃありませんか。なにしろ、こうなってしまったのは、先生の学級経営の責任ということもできます」

担任 「担任という監督する立場にありながら、学級内のものを管理できなかったことは申し訳なく思っています」

保護者　「じゃあ、全員検査をやってくださいよ」

担任　「お母さまがいらっしゃる前に児童指導の教員にも確認しましたが、学校としてはできないという回答でした。できることとして、学年職員を中心に、教科書をずっと捜しています。ときに意外な場所から出てくることもありますので、全職員に声をかけてあります。見つかるまで、この体制を続けていくつもりです」

保護者　「先生、そんなことでは出てきませんよ。ランドセルの中でも、ロッカーの中でも、しらみつぶしに捜すべきです」

担任　「捜せる場所と捜せない場所がありますので、そのあたりはご理解ください」

保護者　「じゃあ、どうなっても、持ち物検査はしないということなのですね」

担任　「はい。ただ、教科書が出てこないという事態は重く受け止めています」

保護者　「言葉だけでなく、行動で示していただけませんか？」

担任　「持ち物検査という形は難しいのですが、**放課後私がロッカーなど見られる範囲の場所を捜していくというのはどうでしょうか。今回に限っては、学校にいるときの子どもたちの持ち物にも気を配っていきます。ランドセルを開けた瞬間を目にすることもできます。机の中についても同様です。**不十分な対応だということは承知していますが、現行のシステムでできることはこれが限界だということはご理解ください」

保護者　「それで見つかると思っているんですか？」

担任　「わかりません。ただ、教科書がなくなるという重大なことなので、ベストは尽くしたいと思っております」

話術のキーポイント

　学校としてできる対応の最上位の形をとっているというアピールをしていますが、ナルシスティック型クレーマーの自尊心を傷つけることはありません。相手の要望を受け、担任としては精いっぱいの努力をすると約束したのです。見栄を張る彼らの特性として、それでも文句を言うのは格好悪いという意識がはたらくものです。表情や声の抑揚も含めて、苦渋の決断だという気持ちが伝わるようにしましょう。

5 揚げ足を取る相手への話術

話術 ㉒ 話し合いの本筋に立ち返る

　彼らの目的は、クレームによってなにかを実現しようとする以上に、教員をギャフンと言わせて爽快感を得るということです。教員が凹む様子を見て、自分の地位が上がったととらえるのでしょう。したがって、話し合いがそう簡単に済むとは思えません。彼らは本題に関する主張が通らないと見るやいなや、「では、こちらはどうなんでしょうか？」と次から次へと話題を変え、どのポイントで教員が困るのか、あの手この手で探ってきます。子どもの成長など度外視の場合があるのです。そうした場合、相手のペースに巻き込まれることなく、話を本筋に戻す作業が必要です。

ケース 3-10 「なにがあっても教室を離れるな！」

　それは授業中のこと。担任が職員室に忘れ物を取りに行き、教室に戻るとPさんとQさんがケンカをしている。理由を聞いてみると、PさんがQさんの身体に関わる悪口を言い、Qさんが激昂したのだった。Pさんには人の悪口を言わないように指導し、Pさんの両親にもその旨を連絡した。母親は平身低頭。問題はここで終わったかに思えたが、翌日父親から電話が入る。

　「授業中のケンカだとしたら、うちの子に非はない。勝手に教室を離れた先生に責任がある。謝罪するのは先生のほうだろう」という一方的な言い分。Pさんの暴言は日常的なものであり、クラスの多くの子がターゲットになっていた。授業中の短時間に職員室に戻ったことと

は無関係である。だが、「担任なら、なにがあっても教室を離れるな！」と父親の怒りは収まらない。

　このまま延々と電話で話していても埒が明かないので、来校してもらい、面談することにした。学校側からは担任と児童指導主任が出席することになり、対応の中心は児童指導主任が請け負うことにした。

💡 対応のポイント

　ここでのポイントは、話し合いを本筋に戻すことです。授業中に担任が職員室に戻るのはままあること。職員室に戻ったこととケンカが起きたことには直接の関係はありません。ただ、Ｐさんの父親は、「担任が不在にしたからだ」と揚げ足を取るような論理を展開しています。Ｐさんの様子を見続けることなど不可能ですが、父親はそれが担任の責任だと言い張っています。Ｐさんにとっては安易に友達の悪口を言わないことが大切なので、話し合いがそこに向かうように軌道を正す必要があります。

① 意識すべきポイント

　Ｐさんの父親は、なんとか担任に非があるという結論に持っていこうとしています。担任の監督責任を突いてきているわけです。一方、担任の責任にしたところで、Ｐさんの暴言がやむことはありません。父親が担任を責めれば責めるほど、Ｐさんの反省からはほど遠くなるでしょう。そこのところを父親に理解させたいものです。

- 授業に関係のあるものを取りに戻るという理由があったにしろ、教室を空けた事実については謝罪する。
- 話し合いの本筋に立ち返る際、教員の都合で無理矢理話題を戻したという印象を与えないように、子どもを主体にした話し方に終始することで自然に話題転換を図る。

② 避けるべきポイント

● 父親の揚げ足取りを真っ向から否定することは避けたい。ナルシスティック型クレーマーは常に反撃のチャンスをねらっているので、「教員の言葉遣い」といった水掛け論に陥る懸念がある。

● 父親の「担任なら、なにがあっても教室を離れるな！」という売り言葉に対して、「必要なときは戻ることもあります」といった買い言葉で応戦しない。論点がずれていく契機になってしまう。

● 「非はPさんにある」という結論にはしない。担任が教室から不在になったことを蒸し返される懸念がある。

話術の展開　共感を加え話を本筋に戻す

　ここでは児童指導主任が同席し、なおかつ回答の多くを担います。なぜなら、Pさんの父親からすると、担任は教室を空けた当事者だからです。担任が発言するたびに、「先生が教室を空けたからでしょ」というように揚げ足を取ってくる可能性があります。児童指導主任が中心に入ることで、話し合いが本筋から外れないようにしていくのです。父親からすると、担任ではない教員が対応することで、「本題から外れた話をすれば格好悪い」といった意識にさせる期待も持てます。

ケース 3-10　対応例

保護者　「さっきも電話で言ったんだけど、担任が教室を空けたのが原因でしょ。先生が教室に留まっていれば、子ども同士で揉めるなんてことはなかったんじゃないの」

担任　「教室を空けたことについては、申し訳なく思っています」

保護者　「だから、先生の責任なんだよね」

担任　「今後は安易に教室から離れることがないように、気をつけて

いくつもりです」

保護者　「先生が悪いのに、なんでうちの子が怒られなきゃいけないの？」

児童指導主任　「先ほど担任から謝罪があったように、教員が授業中に教室を離れることがないように、全校で徹底していくつもりです」

保護者　「先生。わかってくれれば、それでいいんだよ」

児童指導主任　「ただ、**担任が教室を離れたこととケンカになってしまったことは、分けて考えなければなりません。** 担任が不在になる時間を作ったことは確かに問題で、ケンカに発展する誘因といえるでしょう。一方、ケンカの原因は子どもたちが自分の感情をコントロールできない点にあります。誘因と原因を分けて考えていかないと、ケンカがなくなる方策を見失ってしまうでしょう」

保護者　「じゃあ、先生はうちの子が悪いって言うの？」

児童指導主任　「Ｑさんに対して身体に関する悪口を言ったという点からすると、落ち度はあったと思います」

保護者　「それは、そうだけど……」

児童指導主任　「その点からすると、Ｐさんに問題はあったのですが、**だからといってＰさんを責めるつもりはありません。** なにを言ってはダメなのか、まだ判断力が身についていないので、考える力をつけることでより学校生活が充実すると良いのではと考えているのです。まだ成長過程の子どもという時期なので、どんどん良い方向に変わっていくと思います。また、元々持っている長所に磨きがかかる契機ともなるでしょう。先生、Ｐさんが活躍する場面も多いですよね」

担任　「運動会では実行委員を引き受けてくれています。学年種目のグループ決めでは、運動が得意な子が同じグループに固まらないようによく配慮してくれました。基本的には、とても頑張り屋さんです」

児童指導主任　「私も先生に同感です。Ｐさんの持ち前の積極性に加えて、自分をコントロールする力を得られれば百人力だと思うので

第3章

ナルシスティック型クレーマーに対する話術

す。ついカッとなってしまったときに、どのように気持ちを落ち着け
るのが良いのか、1年間を通して探っていくのが彼のためだと思うの
ですが……。どうですか？」

保護者　「それは成長するに越したことはないでしょ」

児童指導主任　「そのための方策を、これから担任と一緒に探ってい
きませんか？」

保護者　「まあ……そうだよな」

話術のキーポイント

　ここでは話題を本筋に戻したとき、Pさんの父親が抵抗の意思を示して
いますが、「だからといってPさんを責めるつもりはありません」と伝え
ることで、相手の警戒を解いています。このように、相手に抵抗がみられ
たら、必ず共感の姿勢を見せるようにしましょう。子どもを立てるという
ことは、同時に保護者を立てていることにもなります。プライドの高い彼
らにとって、一方的にやり込められるのは屈辱的なこと。こちらのペース
に乗せるため、寄り添う姿勢を見せることも重要なのです。

話術 ㉓ 問題の軽重を整理する

　ナルシスティック型クレーマーは、話し合いを自分の有利な展開に持っ
ていくため、気づいた話題を無作為に取り上げることもあります。それが
本題とずれていようとお構いなし。自己中心的な論理を展開させ、教員を
貶めることに執心するのです。話術㉒で話し合いの本筋に立ち返ることが
重要だと書きましたが（**150ページ**）、もし教員がタイミング悪く、「本題
に戻しましょう」などと言ったら、大変です。自分がないがしろにされた
と、新たな火種を生むきっかけとなります。話題を代わるがわる出してく
るような場合、重要度で整理することも必要になってきます。整理したう

えで、「子どものために、まずはこの問題を解決しましょう」と提案するのです。

> ケース 3-11　「卒業アルバムの写真が少ない」

Ｒさんは小学6年生の女子児童。内気な性格であまり表に出ようとしないので、遠足や修学旅行に出かけてもスナップ写真に写る枚数が極端に少なかった。担任はＲさんに配慮して、なるべく多く卒業アルバムに写真を載せようと努めたが、結果として他の子よりも若干少なくなってしまった。

こうした現実に、卒業式3日前だというのにＲさんの母親は激怒。「こんなに少ないのであれば、購入するのではなかった」と、今さらとも思えるようなクレームを入れてきた。Ｒさん自身と話して納得できる方向で解決したいと伝えると、その場はなんとか収まった。翌日、担任はＲさんに気持ちをたずねてみると、全く気にしていないとのこと。写真が少ないのも本人の希望であり、本人自身が一番納得している。

その旨を電話で母親に伝えたが、今度は、「アルバム代が高すぎる」と、さらに予想だにしない反応が返ってきた。続いて、「配慮が足り

ず、教員としての資質に欠けるのではないか」と畳みかけるように担任を問いただす始末。電話では要領を得ないと思った担任は、同日に面談することを提案した。

💡 対応のポイント

　クレームの内容を見ると、なんでも悪く受け取るシゾイド型クレーマーのようですが、教員の資質にまで言及しているので、ナルシスティック型クレーマーと見ることができるでしょう。Rさんの母親はなにが不満なのかはわかりませんが、自分のイライラを担任にぶつけたい一心のように思えます。なんだかんだと考えられる担任の不始末を並べ、揚げ足を取りたいのでしょう。これらすべての問題提起に回答するのは不可能であり、相手の術中にはまるため無意味です。問題の軽重を整理し、論点を1つに絞ることが重要でしょう。重要な1つの問題が解決すれば、付随するその他の問題解決への道も開けるというものです。

① 意識すべきポイント

　問題の軽重を整理する際、保護者が納得するように、子どもを主体にしたやり方が適切です。「Rさんのことを考えると……」というように、それが教員としてできる最大の配慮だというメッセージを送るのです。

- 事前に子どもと話し合いを持ち、それが間違いなく子ども自身の要望であるという事実を手に入れる。そうでなければ、問題の軽重の整理を担任がすべきではない。
- 問題の軽重を整理する際、その決定が保護者にとっても受け入れられる内容であることを確認する。

② 避けるべきポイント

● 「私は〜と思います」というような担任の個人的な感想は避ける。あくまでも見聞きした事実のみに目を向けて話をする。

● 問題の軽重を整理する際、決して担任の経験論や他の子どもの例を出すことはしない。

● 担任が処理しやすいからといって、自分に有利な問題を重要視しないように気をつける。彼らはそこに話題が行くかどうか、慎重に見極めているということを忘れてはならない。

話術の展開 — 担任のペースで優先順位をつける

　憤慨してやってきた保護者の主張を冷静に聞き、問題の軽重を瞬時に整理するのは至難の業です。クレームが来たというだけで、教員側は完全に受け身。通常の心境ではいられません。そんなときでも、「子どもはなにを一番に求めているのか？」ということを考えられれば大丈夫です。教員は子どもの立場になって物事を考えることに長けています。子どもの気持ちをキーワードに掲げることで、揚げ足を取られることはないでしょう。

ケース3-11 対応例

保護者 「先ほども言いましたが、うちの子の写真の少なさは異常です。なんとか差し替えができないんですか？」

担任 「卒業式が3日後と日程が迫っていますので、不可能だというのが現実です。申し訳ございません」

保護者 「ちゃんと事前に写真の枚数を確認されたんですか？」

担任 「全員、掲載される枚数を確認しました。Rさんの写真が少ないことはわかっていましたが、写真屋さんや学校のデータを調べても、スナップはあの2枚だけだったのです」

保護者 「こんなに少ないのであれば、購入する必要はありませんでした。また、事前にそのことを言っていただければ、おそらく購入しませんでした」

担任 「重ね重ね、申し訳ございません」

保護者 「それにあのアルバム代。なんですか？　他の保護者の皆さんも、口をそろえて高すぎると言ってますけど……」

担任 「物価高騰を鑑み、業者があの値段で出してきました。ただ、数社に見積もりを出してもらい、一番安い業者を選定しました。高いのは事実ですが、アルバムを作るとなるとあのくらいするそうです」

保護者 「でも、入札の資料って、私たちにも提示されました？」

担任 「いいえ」

保護者 「それでは、先生のおっしゃることが本当かどうかわかりませんね。そんな社会常識もわからないようでは、先生としての資質に問題があるのではありませんか？」

担任 「今後に生かす材料とさせていただきます」

保護者 「こんなにたくさんの問題が噴出したというのに、学校としてはどうされるおつもりですか？」

担任 「**いくつかの問題が出てきましたので、ここで整理させていただく前に、問題点を確認させてください。** 1つ目は、Rさんの写真枚数が少ないということ。2つ目は、購入する手続きの問題。3つ目は、アルバムの値段についての問題。4つ目は、入札を含めた我々のチェック体制に関すること。この4点でよろしいでしょうか？」

保護者 「その通りです」

担任 「アルバムの値段や購入の手続きに関する丁寧なお知らせなど、我々教員が配慮すべきことがいくつかあったことはわかりました。ただ、ここで重要なのはRさん自身がどのような気持ちで卒業していくかということです。幸い、文集には楽しい学校生活だったと書いてあります。特に、勉学に励んだと自信を持って言っていました。

そんなRさんの気持ちを大切に考えたとき、重要なのは写真の枚数ではないと思います」

保護者　「それは、そうでしょう」

担任　「彼女にそのことを聞いてみると、写真の枚数よりも気に入った写真が載っていたことがうれしいということでした。我々教員もこの言葉に救われました。Rさん自身に不満がないというのであれば、この問題をこれ以上大きくするのは彼女の前向きな気持ちに水を差すようだと思うのですが……」

話術のキーポイント 🔑

　ここでは、最初に問題点としてなにがあげられたのか確認しています。続いて、問題の軽重の整理に入ったわけです。教員からの確認に同意した段階で、彼らの目論見は崩れました。急転直下、ここから担任の資質の問題に戻ることはできないからです。ここでの確認作業は、彼らに野放図な選択肢を与えないための戦略なのです。まさか、確認をしたいと言われて拒む保護者もいないでしょう。

話術 ㉔ 子どもの声を織り交ぜる

　子どもの声を話のなかに織り交ぜることで、保護者を正気に戻すことも重要です。教員をギャフンと言わせようと、虎視眈々と揚げ足取りをねらっていても、子どもが発する正論の前にはひとりの親に戻るはず。ナルシスティック型クレーマーに対して、自ら恥ずかしいと思わせることはできませんが、子どもの手前、「うっ、ちょっと待てよ……」と躊躇するきっかけにはなるはずです。子どもの存在を効果的に使うことで、話し合いをスムーズに進められる可能性があるのです。

ケース 3-12 「徒競走の着順判定もできないのか？」

　1回のレースで何人もの子どもたちが走り抜ける徒競走。すべての
レースで完璧に着順をつけるのは至難の業である。保護者は自分の子
だけを見ているので、それなりに正確な順位がわかるかもしれない
が、数人を1人で同時に見る教員や係の子どもについては、1着につ
いてはわかっても、2着目以降となると自信を持った判定は難しい。
Sさんの父親が怒鳴り込んできたのは、そんな徒競走の着順について
だった。
「うちの子は3位にされたんだけど、どう見ても2位だった。俺のス
マホに証拠もある。いいから、運動会が終わらないうちに、訂正の放
送を入れてくれ」と言って本部テントにやってきた父親に対応したの
は体育主任。確かにスマートフォンの画面をのぞき込むと、Sさんが
2位のようにも見える。ただ、すでに徒競走は終わり、種目は次の玉
入れになっていた。この映像だけでははっきりしたことは言えず、終
わった種目に関する訂正の放送も難しいと伝えると、「ということ
は、はっきりした映像を持ってくればいいんだな。ちょっと待ってろ
よ」と揚げ足取りにも近い台詞を述べ、その日は何事もなく運動会は
終わった。だが、代休明けの火曜日。Sさんの父親は証拠の映像と共
に来校したのである。

💡 対応のポイント

　教員は映像の精度に言及しただけでなく、訂正の放送は無理だと伝えて
います。言いたいのは後者のほうでしたが、父親がこだわったのは前者の
発言。まるで揚げ足を取るかのように、証拠の映像を持参して来校してい
るのです。もしここで順位の間違いが発覚しても、学校でできるのは謝罪

程度でしょう。しかし、ナルシスティック型クレーマーの場合、「教育的配慮をするようにしてほしい」などと言って簡単には引き下がりません。映像を借りるまでしていることからわかるように、引っ込みもつかない状況です。振り上げた拳を下ろす場所も見つからないでしょう。ここまでの状況になると、子どもの力を借りるしか手はないでしょう。

① 意識すべきポイント

　ここまでくると、Sさんの父親は我が子のためにやっているというより、自分のプライドのために動いているとしか言いようがありません。教員の揚げ足を取ってまで食い下がるところから、教員になど負けていられないという心理が見てとれます。

- 映像の確認はするものの、子どもにとってどのような結論が最も適切なのかという立ち位置から話し合いをする。
- 体育主任が同席すると着順にこだわる可能性が高いため、ここでは担任と学年主任が対応する。
- 我が子を愛する父親に寄り添う姿勢を見せる。相手は私欲で来ていると見られることを警戒しているので、不用意な発言はさらなる揚げ足取りに発展する懸念がある。

② 避けるべきポイント

- 確かにSさんの父親がこだわっているのは自分のプライドを守ることだが、学校としては「順位は大した問題ではない」という姿勢を見せない。父親の怒りが再燃する原因になる。
- 順位の間違いは他のレースでも考えられるという発言はしない。運動会に対する学校の姿勢を問われる可能性がある。

話術の展開　**子どもの声を効果的に織り交ぜる**

　子どもの声を織り交ぜるといっても、はじめから使ってしまうと効果はありません。保護者と教員、双方の言い分が出尽くし、互いに手詰まりとなったときにこそ効果を発揮するでしょう。子どもの声を生かすことで父親のプライドは守られ、学校としてもこれ以上大きなトラブルに発展しなくて済むのです。ただ、子どもから学校に有利な情報を聞き出したとなれば相手は逆上するかもしれず、自然な流れからの活用に配慮すべきです。

ケース 3-12　**対応例**

保護者　「先生がはっきりした映像をって言うから、そのはっきりしたというやつを持ってきましたよ」

学年主任　「この映像を見る限り、Sさんが2位に見えますね」

保護者　「そうだろ。誰が見たってうちの子が2位だよな。先生、この間違いの責任をどうやってとるんですか？」

学年主任　「責任のとり方はとても難しいものがあります。運動会は終わっているので、ここで順位の訂正を行ったとしても違和感があるでしょう。どうでしょう。Sさんに本当は2位だったということを説明し、彼女の納得を得るという解決ではいけませんか？」

保護者　「先生、わかってないね。うちの子が2位っていうのは、俺も本人もわかっているのよ。わざわざ映像を持ってきたのは、それを全体に周知してほしいという意味！」

学年主任　「周知するといっても、そのための全校集会を開いたり、訂正版を出したりするのは難しいと思います。例えば、どのような解決をお望みですか？」

保護者　「なに言ってるのよ。自分たちで問題を引き起こしておいて……。それを考えるのが先生でしょ」

学年主任　「考えられる手立ては、Sさん本人に体育主任がきちんと

伝えるという方法です。全体で発表するとなると、2位だった子が3位になることも周知しなければならず、それが運動会の目的だとは思えないのです」

保護者　「それは先生の考えだよね。そもそも、着順を間違えたのは先生でしょ。自分の間違いを棚に上げておいて、子どものせいにするって、どういうこと？」

学年主任　「申し訳ありませんが、Sさんのことも考えたうえで、本人への確認と納得が一番だと判断した次第です」

保護者　「でも、うちの子は納得してないみたいよ。俺も全然意味がわからないし……」

学年主任　「先生。Sさんの様子はどうでしたか？」

担任　「Sさんとは朝に話をしました。私から謝罪をしたところ、もう終わったことだから良いという話でした。**同時に要望があったのは、これ以上徒競走の話を蒸し返してほしくないということでした。** Sさんは当日3位という着順になりましたが、2位だった子はSさんの親友なのです。Sさんが言うには、"着順なんかにこだわって、友達と仲が悪くなるのは困る"ということでした。彼女がそういう意向である以上、我々教員もこれ以上立ち入るべきではないと判断しています。着順の間違いということで納得できない部分もあるでしょうが、我々は子どもの気持ちを一番に考えてやっていきたいと思います」

保護者　「本当にそう言ったのか？」

担任　「ご家庭でも確認してください。あの子たちは一番の仲良しなので、友達関係に亀裂が入るのを心配しているのだと思います。確かに運動会の着順は大切ですが、子どもにとっては友達関係のほうが勝るようです」

話術のキーポイント

　実際にクレームを入れたのは保護者の私欲によるものですが、表面的には子どものためというスタンスで来ます。それはどのクレーマーにも共通していることです。"子ども"という存在を盾に、自らの主張を繰り広げようとしているのです。しかし、その子どもが親の意に反する言動をしたとなれば、それ以上のクレームは道理に反することとなります。教員をギャフンと言わせる材料がなくなった以上、あとはトーンダウンしていくのを待つだけです。

おわりに

敵を知り、己を知れば百戦危うからず

なぜ、教員が保護者のクレームに対して戦々恐々となるかというと、ク
レーム対応に慣れていないからです。もっとも、冷静に考えれば、保護者
からクレームが入ったからといって恐れることはありません。彼らには人
事権もなければ、学校教育に関する決定権もないのです。なんの権力もあ
りません。それでも、怖いのは、彼らの口から出る言葉が教員の予想を遥
かに超えたものだからです。「新任の先生なので、はずれだと感じました」
意気揚々と着任した新卒の教員がこんなことを言われたら、言葉にできな
いほど傷つくでしょう。「先生のくたびれた雰囲気、なんとかならないで
すか?」こんなことを言われれば、ベテランの教員でも傷つきます。

　教員は子どもに対峙する以上、性善説を基本として日々生きています。
「子どもは悪いことをしても、必ず反省して改善しようとする」
「どんなに問題を起こす子でも、必ず良いところがある」
そう思って教壇に立つのが教員です。また、教育者としては、そうした態
度であるべきです。ただ、その感覚を子どもと同じように保護者にも求め
てしまうのです。
「キツイことを言っていたけれど、いつかわかってくれるのではないか」
「イライラしたことがあって、それを自分に向けただけではないか」
一時の気の迷いで、いつかは収まると信じてしまうのです。それが子ども
に対しては良くても、クレーム対応については現在大きなリスクとなって
現れています。度を超えたクレームがもとで、心を病む教員があとを絶た
ないところまで来ているのもそのためです。

　自治体はそれぞれ対応策を出しています。しかし、事態が好転したかと
いうと、そのような報告はありません。自治体によっては、教員がもっと

165

しっかりすれば良いというような信じられない結論にしているところまであります。そんなことを続けていったら、教員を志す若者がやがていなくなってしまいます。現在でも、そうした傾向が顕著なのです。早急になんとかしなければいけない問題でしょう。

　私は学校でできる対策として、一番に相手のタイプを知ることだと提言しました。クレーマーはシゾイド型とナルシスティック型に大別されますが、そのなかでもいろいろなタイプがあります。今の学校現場は、相手のタイプもわからず、付け焼き刃で対応をしています。ですから、対応策としては謝罪するしかないのです。でも、謝罪ばかりしていては、教員の自己肯定感はますます低下していきます。自己肯定感の低い教員に教わった子どもたちの未来も心配です。

　現在、きちんと相手のタイプを分析し、そのタイプに合った対応をしていくことが求められる時代に突入したといっても良いでしょう。分析と対応。それを繰り返していけば、教員の保護者対応スキルは上がっていくことでしょう。その結果、不要なクレームが減っていく期待も持てるのではないでしょうか。教員が日々クレームに怯えることなく、すがすがしい気持ちで教壇に立つ毎日が戻ってくるのです。

　全国の教員に伝えたいのは、決して諦めてはいけないということです。
「敵を知り、己を知れば百戦危うからず」
保護者対応は難しいことではありません。だから、謝罪一辺倒で済ますこともやめてほしいのです。教員の意欲がなくなり、職場から活気が消えていきます。大切なのは、教員が一生懸命に子どもを育てていくということだけです。それを保護者が支えていきます。反対に、教員も保護者の子育てを支えていきます。そんな当たり前の姿に戻そうと言っているだけなのです。現在の保護者クレームは、はっきりいって異常な状況です。一部の教員は現状が当たり前だと、すでに感覚が麻痺した状態になっています。

　子どもたちのために、そして日本の未来のために、教育現場が正常な姿になることを祈ってやみません。

著 者 紹 介

齋藤 浩（さいとう・ひろし）

　1963（昭和38）年、東京都生まれ。横浜国立大学教育学部初等国語科卒業。佛教大学大学院教育学研究科修了（教育学修士）。佛教大学研究員、日本獣医生命科学大学非常勤講師を歴任。現在、神奈川県内公立小学校児童支援専任教諭。日本国語教育学会、日本生涯教育学会会員。2024（令和6）年10月、財務大臣表彰を受彰。著書に『教師という接客業』『追いつめられる教師たち』『お母さんが知らない伸びる子の意外な行動』（いずれも草思社）、『ひとりで解決！理不尽な保護者トラブル対応術』『チームで解決！理不尽な保護者トラブル対応術』（いずれも学事出版）などがある。

保護者クレーム 劇的解決「話術」

2024年12月10日　発行

著者　　　　　　齋藤 浩
発行者　　　　　荘村明彦
発行所　　　　　中央法規出版株式会社
　　　　　　　　〒110-0016　東京都台東区台東3-29-1　中央法規ビル
　　　　　　　　TEL　03-6387-3196
　　　　　　　　https://www.chuohoki.co.jp/

印刷・製本　　　長野印刷商工株式会社
本文・装幀デザイン　石川清香 (Isshiki)
本文・装幀イラスト　大日野カルコ

定価はカバーに表示してあります。
ISBN978-4-8243-0170-3

本書のコピー、スキャン、デジタル化等の無断複製は、著作権法上での例外を除き禁
じられています。
また、本書を代行業者等の第三者に依頼してコピー、スキャン、デジタル化することは、
たとえ個人や家庭内での利用であっても著作権法違反です。
落丁本・乱丁本はお取り替えいたします。

本書の内容に関するご質問については、下記URLから「お問い合わせフォーム」にご入
力いただきますようお願いいたします。
https://www.chuohoki.co.jp/contact/
A170